LES MEILLEURES RECETTES

LIGHT pour tous les jours

W0388529

LAROUSSE

SOMMAIRE

APÉRO ET PETITES ENTRÉES

Crudités et dip fraîcheur

253 calories par portion

Pour 1 personne
Préparation : 15 min

1 branche de céleri
1 carotte
1/2 poivron rouge

POUR LE TARTARE DE HARICOTS
1 petite gousse d'ail
220 g de haricots de Lima
1 filet de jus de citron
1 cuill. à soupe de persil haché
1 cuill. à soupe de menthe hachée
2 cuill. à café d'huile d'olive

1 Préparez le tartare de haricots. Pelez l'ail, puis écrasez-le. Égouttez les haricots. Réunissez l'ensemble dans le bol d'un robot avec le jus de citron, le persil, la menthe, l'huile et 1 cuillérée à soupe d'eau, puis mixez le tout.

2 Préparez le céleri, pelez la carotte, épépinez le demi-poivron, puis coupez-les en bâtonnets. Servez les crudités avec la sauce aux haricots.

Guacamole

103 calories par portion

Pour 8 personnes
Préparation : 15 min

1 grosse tomate mûre
3 avocats très mûrs
1 piment rouge ou vert
1 petit oignon rouge
1 poignée de coriandre
2 citrons verts
sel et poivre du moulin

POUR SERVIR
quelques feuilles de coriandre
tortillas (chips)

1 Posez la tomate sur une planche à découper, puis réduisez-la en pulpe à l'aide d'un grand couteau et transférez-la dans un saladier. Coupez les avocats en deux. Retirez les noyaux, puis prélevez la chair à l'aide d'une cuillère et ajoutez-la dans le saladier.

2 Épépinez le piment et pelez l'oignon, puis hachez-les avec la coriandre. Ajoutez l'ensemble dans le saladier. Pressez les citrons verts, puis arrosez la préparation du jus. Assaisonnez et mélangez le tout. Lissez la surface du guacamole à l'aide du dos d'une cuillère. Couvrez de film alimentaire et réservez au frais jusqu'au moment de servir. Ce guacamole se conserve 24 heures au réfrigérateur.

3 Au moment de servir, remuez soigneusement le guacamole. Parsemez de feuilles de coriandre et servez avec des chips de tortillas.

Pains pita garnis

333 calories par portion

Pour 2 personnes
Préparation et cuisson : 10 min

6 mini-pains pita
1 cuill. à soupe de fromage frais
1 cuill. à soupe de cheddar ou de gruyère râpé
150 g de maïs en conserve
2 tranches de jambon
6 tomates cerises

1 Passez les pains pita au grille-pain de 30 secondes à 1 minute : ils doivent être gonflés, mais non croustillants.

2 Pendant ce temps, mélangez le fromage frais et le cheddar râpé dans un bol. Incisez les pains pita sur un bord puis étalez le mélange à l'intérieur, à l'aide d'une petite cuillère ou d'un couteau.

3 Égouttez le maïs. Détaillez le jambon en lamelles, puis coupez les tomates cerises en rondelles. Garnissez les pains pita de jambon, de tomates et de maïs. Aplatissez-les délicatement entre vos mains, puis faites-les griller 1 ou 2 minutes au grille-pain, ouverture vers le haut.

Samoussas à la feta et au maïs

131 calories par portion

Pour 12 gros samoussas
Préparation et cuisson : 1 h

6 feuilles de pâte filo
3 cuill. à soupe d'huile végétale
2 cuill. à soupe de fécule de maïs

POUR LA GARNITURE
350 g de maïs surgelé
1 gros oignon rouge
2 cuill. à soupe d'huile végétale
2 cuill. à café de graines de cumin
1 citron vert
2 cuill. à café de garam masala
200 g de feta

1 Préparez la garniture. Faites cuire le maïs 3 minutes dans une casserole d'eau bouillante. Égouttez-le. Pelez et hachez l'oignon. Mettez l'huile à chauffer dans un wok. Faites sauter les graines de cumin 30 secondes, puis ajoutez l'oignon et laissez-le cuire jusqu'à ce qu'il soit translucide. Pressez le citron vert. Incorporez le maïs, le garam masala, la feta et le jus de citron vert à la préparation. Laissez cuire 1 minute, puis réservez.

2 Étalez 1 feuille de pâte filo. Coupez-la en deux dans la longueur et huilez les deux moitiés. Déposez 2 cuillerées à soupe de garniture sur l'une des extrémités de chaque bande, puis pliez les bandes en formant un triangle. Répétez l'opération avec le reste des feuilles de pâte et de la garniture. Dans un bol, délayez la fécule de maïs avec un peu d'eau, puis badigeonnez-en l'extrémité des bandes de pâte pour fermer les triangles. À cette étape, vous pouvez congeler les samoussas.

3 Préchauffez le four à 180 °C (therm. 6). Placez les samoussas sur une plaque de cuisson. Badigeonnez-les d'huile, puis enfournez pour 15 minutes, ou 30 minutes s'ils sont congelés.

Brochettes de légumes au fromage

194 calories par portion

Pour 4 personnes
Préparation et cuisson : 25 min

1 oignon rouge
250 g de halloumi ou de feta
2 courgettes
16 tomates cerises
sel et poivre du moulin

POUR LA SAUCE AU CITRON
1 cuill. à soupe d'huile d'olive
2 cuill. à soupe de jus de citron
2 cuill. à café de feuilles de thym citron
1 cuill. à café de moutarde de Dijon

POUR SERVIR
pains pita

1 Coupez l'oignon en quartiers, le fromage en 16 gros morceaux et les courgettes en deux dans la longueur, puis en tronçons épais. Enfilez les ingrédients sur 8 brochettes en alternant un morceau de halloumi, 1 tomate cerise, un tronçon de courgette et un quartier d'oignon. Placez les brochettes dans un plat, couvrez-les de film alimentaire, puis réservez-les au frais.

2 Préparez la sauce au citron. Réunissez tous les ingrédients dans un petit saladier, assaisonnez selon votre goût et mélangez.

3 Préchauffez un barbecue ou un gril, puis disposez les brochettes dessus. Remuez la sauce, nappez-en les brochettes et faites-les cuire 4 ou 5 minutes en les retournant régulièrement. Servez avec des pains pita chauds.

Brochettes de crevettes et mayonnaise au basilic

192 calories par portion

Pour 8 personnes
Préparation et cuisson : 30 min

32 crevettes crues décortiquées
24 petites feuilles de laurier
sel et poivre du moulin

POUR LA MAYONNAISE AU BASILIC
40 g de feuilles de basilic
3 cuill. à soupe d'huile d'olive
20 cl de mayonnaise allégée
le jus de 1 citron vert

1 Préparez la mayonnaise au basilic. Réunissez les feuilles de basilic dans le bol d'un robot avec 2 cuillerées à soupe d'huile. Mixez 1 ou 2 minutes, jusqu'à l'obtention d'une fine pâte. Ajoutez la mayonnaise et un filet de jus de citron vert en réservant les moitiés de citron dont le jus a été extrait. Mixez jusqu'à l'obtention d'une préparation lisse, puis transférez dans un bol et mettez au réfrigérateur.

2 Enfilez 4 crevettes et 3 feuilles de laurier sur chaque pique à brochette. Badigeonnez d'huile de toutes parts. Assaisonnez bien. Faites cuire 4 ou 5 minutes au barbecue ou sous le gril du four chauffé à feu vif, en retournant une fois, jusqu'à ce que les crevettes soient roses et tendres. À l'aide d'une cuillère, remplissez les moitiés de citron vides de mayonnaise au basilic et servez.

Croquettes de crevettes

153 calories par portion

Pour 6 personnes
Préparation et cuisson : 30 min

3 tranches de pain de mie
2 échalotes
1 gousse d'ail
400 g de crevettes crues décortiquées
1 bonne pincée de noix de muscade
1 gros œuf
2 cuill. à soupe d'huile de tournesol
sel et poivre du moulin

POUR LA SAUCE
1 poivron vert
1 piment vert
3 cm de gingembre
2 gousses d'ail
40 g de coriandre
1 cuill. à café de sucre en poudre
2 cuill. à café de vinaigre de malt ou de vin
le jus de 1 petit citron

1 Coupez les tranches de pain et les échalotes en deux. Pressez l'ail. Mettez tous les ingrédients des croquettes sauf l'huile dans le bol d'un robot. Salez et poivrez légèrement, puis mixez jusqu'à l'obtention d'une pâte homogène. Façonnez 12 à 18 croquettes assez plates, couvrez-les et mettez-les au réfrigérateur jusqu'au moment de les cuire (24 heures au maximum).

2 Préparez la sauce. Épépinez le poivron et le piment. Lavez le bol du robot, puis mixez tous les ingrédients de la sauce jusqu'à l'obtention d'une sauce vert vif encore fluide. Salez, poivrez, puis transférez dans un bol de service. Placez ce dernier au réfrigérateur.

3 Juste avant de servir, faites frire les croquettes dans l'huile pendant quelques minutes de chaque côté, jusqu'à ce qu'elles soient bien dorées. Elles doivent être assez fermes, beaucoup moins souples que des croquettes de pommes de terre. Disposez-les sur un plat de service avec le bol de sauce.

Boulettes de viande épicées

173 calories par portion

Pour 6 personnes
Préparation et cuisson : 40 min

1 oignon
2 gousses d'ail
2 cuill. à soupe de coriandre hachée
500 g de poulet, de dinde, d'agneau, de bœuf ou de porc haché
2 cuill. à café de curry
2 cuill. à café de cumin en poudre
1 cuill. à café de garam masala
1/2 cuill. à café de paprika ou de piment de Cayenne
1 œuf
50 g de chapelure
1 cuill. à soupe d'huile végétale

POUR SERVIR
pains pita
sauce tomate

1 Préchauffez le four à 160 °C (therm. 5-6). Hachez l'oignon et l'ail, puis réunissez-les dans un saladier avec la coriandre. Ajoutez la viande, les épices, et mélangez le tout. Dans un bol, battez l'œuf, puis incorporez-le à la préparation avec la chapelure. Divisez en 18 parts égales et façonnez 18 boulettes de la taille d'une noix.

2 Mettez l'huile à chauffer dans une poêle à feu moyen et faites revenir les boulettes de viande 5 minutes en secouant la poêle régulièrement. Disposez les boulettes sur une plaque de cuisson, puis enfournez pour 20 minutes.

3 Laissez tiédir légèrement, puis servez avec des pains pita et de la sauce tomate.

Mini-bruschettas à la purée de panais

112 calories par portion

Pour 12 mini-bruschettas
Préparation et cuisson : 35 min

3 gros panais
50 g de beurre
1 cuill. à café d'huile de truffe
2 cuill. à café d'huile d'olive
1 pain ciabatta
1 gousse d'ail
1 poignée de roquette
50 g de copeaux de parmesan
sel et poivre du moulin

POUR SERVIR
1 filet d'huile de truffe

1 Épluchez les panais, coupez-les en quatre dans la longueur, puis éliminez leur cœur. Détaillez-les en dés de 1 cm de côté. Mettez le beurre à chauffer dans une grande poêle à feu moyen. Ajoutez les dés de panais, salez, poivrez, puis faites cuire pendant 20 minutes en remuant régulièrement. Arrosez d'un filet d'eau, si nécessaire. Ôtez la poêle du feu. Transvasez les dés de panais dans le bol d'un robot. Ajoutez les huiles de truffe et d'olive, puis mixez jusqu'à l'obtention d'une purée. Assaisonnez selon votre goût. Réservez à température ambiante.

2 Faites chauffer le gril du four. Coupez 12 tranches de pain de 5 mm d'épaisseur et faites-les griller 2 minutes de chaque côté. Coupez la gousse d'ail en deux, puis frottez-en les toasts grillés.

3 Étalez la purée sur les toasts, parsemez de feuilles de roquette et de copeaux de parmesan. Arrosez d'un filet d'huile de truffe et servez sans attendre.

Bruschettas aux crevettes pimentées

294 calories par portion

Pour 2 personnes
Préparation et cuisson : 20 min

200 g de grosses crevettes crues décortiquées
1/2 baguette
1 gros piment rouge
2 gousses d'ail
1 citron
1 petit bouquet de coriandre
1 cuill. à café d'huile d'olive
2 bonnes poignées de roquette
sel et poivre du moulin

1 Incisez légèrement le dos des crevettes et retirez la veine noire. Coupez 4 tranches de baguette assez fines en biseau. Faites-les griller et maintenez-les au chaud. Épépinez le piment, puis émincez-le avec l'ail. Pressez le citron et hachez les feuilles de coriandre.

2 Mettez l'huile à chauffer dans un wok ou dans une sauteuse. Faites-y revenir l'ail et le piment jusqu'à ce qu'ils grésillent. Augmentez le feu, ajoutez les crevettes, puis laissez-les cuire jusqu'à ce qu'elles soient roses. Hors du feu, incorporez le jus de citron, la coriandre et assaisonnez le tout. Déposez les crevettes sur les toasts, parsemez-les de roquette, puis servez.

Bruschettas de polenta à la tapenade

198 calories par portion

Pour 6 personnes
Préparation et cuisson : 30 min
Repos : 1 h

70 cl de bouillon de légumes
140 g de polenta instantanée
2 cuill. à soupe de basilic
huile d'olive
9 cuill. à café de tapenade
9 tomates séchées
sel et poivre du moulin

POUR SERVIR
100 g de feuilles de salades mélangées

1 Dans une casserole, portez le bouillon à ébullition, puis laissez mijoter à feu doux. Sans cesser de remuer, versez la polenta d'un seul coup et laissez cuire 5 minutes, jusqu'à ce qu'elle épaississe. Ajoutez en remuant le basilic ciselé, salez et poivrez. Transférez dans un plat à rôtir creux huilé de 24 x 18 cm. Laissez durcir pendant 1 heure.

2 Coupez la polenta en 9 rectangles de 8 x 6 cm, puis chaque rectangle en deux diagonalement pour former des triangles. Allumez un barbecue ou faites chauffer un gril en fonte à feu vif, badigeonnez chaque triangle d'huile et faites cuire 4 ou 5 minutes de chaque côté, jusqu'à ce que la polenta soit croustillante et dorée.

3 Garnissez chaque triangle de 1/2 cuillerée à café de tapenade et d'une tomate séchée coupée en deux. Servez chaud sur un lit de feuilles de salade.

Pizza tomate et ricotta

291 calories par portion

Pour 6 personnes
Préparation et cuisson : 45 min

1 oignon
2 poivrons jaunes
1 cuill. à café d'huile d'olive
800 g de tomates concassées en conserve
500 g de mélange prêt à l'emploi pour pain complet
2 cuill. à soupe de farine
10 tomates cerises
250 g de ricotta
quelques feuilles de basilic
sel et poivre du moulin

1 Préchauffez le four à 220 °C (therm. 7-8). Émincez l'oignon. Épépinez les poivrons et hachez-les grossièrement. Versez l'huile dans une grande poêle, puis faites-y revenir l'oignon et les poivrons pendant quelques minutes. Ajoutez les tomates, assaisonnez et laissez mijoter 10 minutes.

2 Pendant ce temps, préparez la pâte à pain. Dans un grand saladier, ajoutez 30 cl d'eau au mélange prêt à l'emploi et pétrissez le tout jusqu'à l'obtention d'une pâte ferme. Farinez une plaque de cuisson, puis étalez la pâte dessus en formant un carré de 25 cm de côté. Enfournez en haut du four pour 5 minutes.

3 Coupez 6 tomates cerises en deux. Ôtez la pâte à pain du four et badigeonnez-la de préparation aux poivrons, puis parsemez-la des demi-tomates cerises et des tomates entières. Déposez des petits tas de ricotta à l'aide d'une cuillère à café et enfournez pour 20 minutes. Parsemez de basilic et servez immédiatement.

Tomates rôties aux asperges

102 calories par portion

Pour 8 personnes
Préparation et cuisson : 40 min

6 gousses d'ail
750 g de tomates cerises
5 cuill. à soupe d'huile d'olive
24 pointes d'asperges
1 poignée d'olives noires dénoyautées
sel et poivre du moulin

1 Préchauffez le four à 200 °C (therm. 6-7). Pelez les gousses d'ail et coupez-les en deux. Répartissez les tomates sur une grande plaque de cuisson et piquez chacune avec une fourchette. Arrosez de 2 cuillerées à soupe d'huile d'olive, salez et poivrez, puis parsemez d'ail. Enfournez et laissez cuire 15 minutes, puis sortez du four et éliminez l'excès de jus.

2 Pendant ce temps, étalez les asperges dans une grande poêle chauffée à feu moyen. Arrosez-les de l'huile restante, salez et poivrez, puis faites rouler les asperges dans la poêle, jusqu'à ce qu'elles soient chaudes et bien enrobées d'huile. Regroupez les tomates sur un côté de la plaque de cuisson et placez les asperges à côté. Remettez au four et laissez cuire 15 minutes. Hachez les olives, parsemez-les sur la préparation puis servez.

Aubergine grillée et sauces au yaourt et à la tomate

230 calories par portion

Pour 2 personnes
Préparation et cuisson : 30 min

1 grosse aubergine
3 cuill. à soupe d'huile d'olive
150 g de tomates cerises
1 gousse d'ail
1 pincée de piment en poudre
1 yaourt nature allégé
1 cuill. à soupe de menthe
sel et poivre du moulin

POUR SERVIR
quelques feuilles de menthe (facultatif)

1 Ôtez les extrémités de l'aubergine, puis coupez-la en 6 tranches épaisses dans le sens de la longueur. Assaisonnez généreusement et badigeonnez de 2 cuillerées à soupe d'huile. Coupez les tomates cerises en deux. Pressez l'ail.

2 Faites chauffer le reste d'huile dans une petite poêle et versez-y les tomates, l'ail et le piment ; salez légèrement. Laissez mijoter 3 ou 4 minutes à feu doux, jusqu'à ce que les tomates soient ramollies.

3 Dans un bol, mélangez le yaourt avec la menthe ciselée, du sel et du poivre.

4 Faites cuire les tranches d'aubergine 5 ou 6 minutes de chaque côté au barbecue, sur un gril en fonte ou sous le gril du four à feu vif, jusqu'à ce qu'elles ramollissent et prennent une jolie couleur dorée. Servez 3 tranches d'aubergine par personne, arrosées de yaourt à la menthe, éventuellement décorées de feuilles de menthe, et accompagnées de sauce à la tomate.

SALADES ET SOUPES

Salade de fenouil et céleri

57 calories par portion

Pour 6 personnes
Préparation : 15 min

1 gros bulbe de fenouil ou 2 petits
6 branches de céleri
3 ou 4 cuill. à soupe d'huile d'olive vierge extra
2 cuill. à soupe de jus de citron
sel et poivre du moulin

1 Coupez le fenouil en fines tranches dans le sens de la longueur (une mandoline pour couper les légumes vous sera d'un grand secours). Coupez les branches de céleri en fins bâtonnets. Disposez le fenouil et le céleri sur un grand plat.

2 Versez dessus l'huile et le jus de citron, salez et poivrez. Si vous avez des feuilles de fenouil et de céleri, utilisez-les pour décorer le plat.

Salade au concombre et vinaigrette aigre-douce

27 calories par portion

Pour 4 personnes
Préparation : 10 min

1 concombre
1 petite sucrine
1 bouquet de coriandre
1 bouquet de menthe
140 g de germes de soja

POUR LA VINAIGRETTE
2 piments rouges
1 cuill. à café de vinaigre de riz
1 cuill. à soupe de sauce à base de poisson
1/2 cuill. à café de sucre muscovado ou de sucre roux

1 Préparez la vinaigrette. Épépinez et émincez les piments. Réunissez tous les ingrédients dans un bol et mélangez jusqu'à ce que le sucre se dissolve.

2 À l'aide d'un épluche-légumes, coupez des bandes de concombre au-dessus d'un grand saladier. Ciselez grossièrement les feuilles de sucrine, de coriandre et de menthe, puis ajoutez-les.

3 Incorporez les germes de soja dans le saladier, puis arrosez de vinaigrette en mélangeant bien l'ensemble. Servez immédiatement.

Salade de carottes et d'épinards à la feta

221 calories par portion

Pour 2 personnes
Préparation et cuisson : 30 min

300 g de carottes
1 orange
1 cuill. à café de graines de carvi
2 cuill. à café d'huile d'olive
2 cuill. à café de vinaigre
1 cuill. à soupe de graines mélangées (citrouille, tournesol et lin)
2 bonnes poignées de pousses d'épinards
50 g de feta
sel et poivre du moulin

1 Préchauffez le four à 200 °C (therm. 6-7). Pelez les carottes et coupez-les en deux ou en quatre dans la longueur. Faites-les cuire 4 minutes dans une casserole d'eau bouillante. Égouttez-les, puis disposez-les sur une plaque de cuisson. Prélevez le zeste de l'orange, détaillez-le en lamelles et ajoutez-les aux carottes avec les graines de carvi et 1 cuillerée à café d'huile. Mélangez le tout, assaisonnez, puis enfournez pour 20 minutes.

2 Pendant ce temps, pelez l'orange à vif. Détachez ses segments au-dessus d'un saladier pour récupérer à la fois la chair et le jus. Ajoutez le reste de l'huile, le vinaigre, les graines et assaisonnez. Brassez le tout délicatement, puis incorporez les carottes et les épinards. Répartissez la salade dans deux assiettes, émiettez la feta sur le dessus et servez.

Salade de quinoa aux lentilles et à la feta

286 calories par portion

Pour 4 personnes
Préparation et cuisson : 30 min

200 g de quinoa
1/4 de concombre
1 échalote
6 oignons nouveaux
1 orange
400 g de lentilles vertes du Puy en conserve
1 cuill. à café d'huile d'olive
2 cuill. à soupe d'estragon haché
1 cuill. à soupe de vinaigre de vin rouge ou blanc
100 g de feta

1 Faites cuire le quinoa de 10 à 15 minutes dans une grande casserole d'eau bouillante, puis égouttez-le et laissez-le refroidir.

2 Pendant ce temps, pelez le quart de concombre, puis émincez-le avec l'échalote et les oignons. Râpez grossièrement le zeste de l'orange, pressez le fruit, puis égouttez les lentilles et réservez-les.

3 Dans une petite casserole, mettez l'huile à chauffer et faites revenir l'échalote pendant quelques minutes. Ajoutez l'estragon, remuez, puis incorporez les lentilles au quinoa, avec le concombre, les oignons, le vinaigre, le zeste et le jus d'orange. Émiettez la feta au-dessus et brassez délicatement le tout. Réservez au frais jusqu'au moment de servir.

Salade de tomates à la coriandre

34 calories par portion

Pour 6 personnes
Préparation : 15 min

6 tomates grappe
1 petit concombre
1 oignon rouge
1 petit bouquet de coriandre
sel et poivre du moulin

1 Épépinez les tomates et le concombre, puis coupez-les en morceaux. Émincez l'oignon. Mélangez les morceaux de tomates avec les dés de concombre, l'oignon et la coriandre ciselée, et mettez au réfrigérateur jusqu'au moment de servir. Vous pouvez laisser au frais pendant un jour au maximum avant d'assaisonner et de servir.

2 Juste avant de déguster, salez et poivrez et remuez bien le tout une dernière fois.

Salade de tomates séchées aux artichauts

185 calories par portion

Pour 4 personnes
Préparation : 10 min

4 à 6 tomates séchées
8 tranches de prosciutto
240 g de cœurs d'artichauts grillés en bocal
1 poignée d'olives noires dénoyautées
1 poignée de persil plat
1 filet d'huile d'olive vierge extra

POUR SERVIR
gressins

1 Disposez 2 tranches de prosciutto dans quatre assiettes. Coupez les cœurs d'artichauts en gros morceaux. Dans un saladier, mélangez-les avec les tomates séchées coupées en deux, les olives, le persil et arrosez d'un filet d'huile.

2 Répartissez la salade composée sur les tranches de prosciutto. Servez, éventuellement accompagné de gressins.

Salade niçoise

256 calories par portion

Pour 4 personnes
Préparation et cuisson : 25 min

300 g de pommes de terre nouvelles
225 g de tomates cerises
2 mini-sucrines
140 g de haricots verts
4 œufs
1 poignée d'olives noires dénoyautées

POUR LA SAUCE AUX ANCHOIS
2 anchois
3 cuill. à soupe d'huile d'olive
1 cuill. à soupe de vinaigre

1 Détaillez les pommes de terre en rondelles. Coupez les tomates cerises en deux et séparez les feuilles de la salade. Dans une grande casserole, portez de l'eau à ébullition, puis faites cuire les haricots pendant 4 minutes. Sortez-les de l'eau à l'aide d'une écumoire et rincez-les rapidement à l'eau froide. Plongez les pommes de terre et les œufs dans l'eau bouillante, puis laissez cuire le tout 8 minutes à feu doux. Sortez les œufs de l'eau et laissez-les refroidir. Prolongez la cuisson des pommes de terre de 2 minutes, puis égouttez-les.

2 Préparez la sauce aux anchois. Dans un saladier, écrasez les anchois, puis incorporez l'huile et le vinaigre. Ajoutez les haricots verts, les pommes de terre, les olives et les tomates cerises. Brassez délicatement le tout. Écalez les œufs, puis coupez-les en deux. Disposez les feuilles de salade dans un autre saladier et répartissez la préparation dessus. Ajoutez les moitiés d'œufs, puis servez.

Salade de saumon aux fraises et au fenouil

198 calories par portion

Pour 4 personnes
Préparation : 15 min

200 g de saumon fumé
1 gros bulbe de fenouil épluché (sans le cœur)
50 g de roquette
200 g de fraises mûres

POUR LA SAUCE
4 cuill. à soupe d'huile d'olive
2 cuill. à soupe de vinaigre de vin blanc
2 cuill. à café de moutarde à l'ancienne
1 cuill. à café de miel liquide
sel et poivre du moulin

1 Préparez la sauce. Dans un petit saladier, battez vigoureusement les ingrédients, salez, poivrez et réservez.

2 Coupez le saumon fumé et le fenouil en lamelles. Déposez-les avec la roquette et les fraises coupées en deux dans un autre saladier.

3 Versez la sauce sur la salade et mélangez doucement de façon à tout imprégner de sauce. Terminez par un peu de poivre du moulin.

Salade de crevettes à l'avocat

297 calories par portion

Pour 4 personnes
Préparation : 10 min

1 gros avocat mûr
1/2 citron
200 g de tomates cerises
4 oignons nouveaux
1 laitue
200 g de grosses crevettes cuites
2 cuill. à soupe d'huile d'olive

POUR LA SAUCE
1/2 citron
3 cuill. à soupe de mayonnaise
2 cuill. à soupe de ketchup

1 Préparez la sauce. Pressez le demi-citron et réservez la moitié du jus. Dans un bol, réunissez tous les ingrédients de la sauce, puis mélangez-les à l'aide d'un fouet. Ajoutez un peu d'eau si la sauce est trop épaisse.

2 Coupez l'avocat en deux, retirez le noyau et la peau, puis détaillez la chair en lamelles. Pressez le demi-citron et coupez les tomates cerises en deux. Émincez les oignons et coupez la laitue en lamelles. Dans un saladier, réunissez tous les ingrédients, puis ajoutez les crevettes. Versez l'huile, le jus du demi-citron restant et mélangez délicatement l'ensemble. Servez en présentant la sauce séparément.

Salade de dinde aux fruits

240 calories par portion

Pour 4 personnes
Préparation : 15 min

180 g de salade
2 poires mûres ou pommes croquantes
1 bonne poignée de noix, de noisettes ou de pignons de pin
3 tranches de rôti de dinde cuit ou de jambon

POUR LA VINAIGRETTE
1 oignon rouge
1 cuill. à soupe de vinaigre de vin
2 cuill. à café de miel clair liquide
1 yaourt nature allégé

1 Déposez la salade sur une grande assiette. Coupez les poires ou les pommes en quatre, évidez-les et tranchez-les. Répartissez ces morceaux de fruits sur la salade avec les noix.

2 Coupez les tranches de rôti ou de jambon en lamelles, puis parsemez-en la salade.

3 Préparez la vinaigrette. Réunissez tous les ingrédients dans un bol et mélangez bien. Arrosez la salade de cette vinaigrette juste avant de servir.

Garbure au jambonneau

219 calories par portion

Pour 4 personnes
Préparation et cuisson : 35 min

2 oignons
1 carotte
1 cuill. à soupe d'huile d'olive
2 grosses pommes de terre
50 g de jambonneau
1,5 l de bouillon de légumes chaud
50 g de petites pâtes
1/2 chou de Savoie
poivre du moulin

POUR SERVIR
pain croustillant

1 Pelez les oignons et la carotte, puis hachez le tout. Mettez l'huile à chauffer dans une grande casserole. Faites revenir les oignons et la carotte à feu doux pendant 5 minutes. Pelez les pommes de terre, coupez-les en petits dés, puis détaillez le jambonneau en lamelles et ajoutez l'ensemble dans la casserole avec le bouillon. Portez à ébullition et laissez mijoter 10 minutes. Incorporez les pâtes à la préparation, puis prolongez la cuisson de 8 à 10 minutes.

2 Coupez le demi-chou en lamelles. Ajoutez-les dans la casserole et laissez mijoter 2 minutes. Poivrez selon votre goût, puis servez avec du pain croustillant.

Minestrone printanier

125 calories par portion

Pour 4 personnes
Préparation et cuisson : 25 min

70 cl de bouillon de légumes
200 g de légumes verts mélangés (pointes d'asperges, petits pois, fèves…)
140 g de spaghettis cuits
215 g de haricots blancs en conserve
3 cuill. à soupe de pesto

1 Mettez le bouillon à chauffer dans une casserole, puis ajoutez les légumes et portez à ébullition. Baissez le feu et laissez mijoter 5 minutes.

2 Coupez les spaghettis en morceaux. Égouttez les haricots blancs, puis incorporez-les au bouillon, avec les pâtes et 1 cuillerée à soupe de pesto. Réchauffez le minestrone, puis répartissez-le dans quatre assiettes. Arrosez du reste de pesto et servez.

SOUPE DE TOMATES AU PESTO

213 calories par portion

POUR 4 PERSONNES
Préparation et cuisson : 25 min

2 gousses d'ail
5 tomates séchées à l'huile
1 noix de beurre ou 1 cuill. à soupe d'huile d'olive
1,2 kg de tomates pelées en conserve
50 cl de bouillon de volaille ou de légumes
1 cuill. à café de sucre en poudre
15 cl de crème aigre ou de crème fraîche additionnée de quelques gouttes de jus de citron
sel et poivre du moulin

POUR SERVIR
1 cuill. à soupe de pistou
quelques feuilles de basilic (facultatif)

1 Pilez l'ail, puis coupez grossièrement les tomates séchées. Faites chauffer le beurre dans une grande casserole et faites-y revenir l'ail pendant quelques minutes à feu doux. Ajoutez les tomates séchées, les tomates en conserve, le bouillon, le sucre, salez et poivrez, puis portez à ébullition. Laissez la soupe bouillonner pendant 10 minutes, jusqu'à ce que les tomates aient éclaté un peu.

2 Versez cette préparation dans le bol d'un robot avec la moitié de la crème aigre, puis mixez le tout. Goûtez et rectifiez l'assaisonnement (ajoutez du sucre, si besoin). Servez dans des bols avec du pesto et un peu de crème aigre à la surface. Décorez éventuellement de quelques feuilles de basilic.

Soupe aux petits pois et aux pommes de terre

249 calories par portion

Pour 4 personnes
Préparation et cuisson : 15 min

1 oignon
1 poignée de feuilles de menthe
800 g de pommes de terre
2 cuill. à café d'huile végétale
1 l de bouillon de légumes
350 g de petits pois surgelés
sel et poivre du moulin

POUR SERVIR
pain frais

1 Hachez l'oignon et la menthe. Pelez les pommes de terre, coupez-les en dés, puis mettez-les dans le bol d'un robot et mixez-les grossièrement. Dans une grande casserole, mettez l'huile à chauffer, puis faites-y revenir l'oignon pendant 5 minutes. Ajoutez les pommes de terre et le bouillon. Portez le tout à ébullition, couvrez et laissez mijoter de 3 à 5 minutes. Incorporez les petits pois et prolongez la cuisson de 2 minutes.

2 Retirez un quart des légumes de la casserole à l'aide d'une écumoire et réservez-les. Mixez le reste des légumes jusqu'à l'obtention d'une soupe homogène. Rassemblez dans la casserole la soupe et les légumes réservés. Ajoutez la menthe, assaisonnez, puis servez avec du pain frais, si vous le souhaitez.

Crème de fenouil aux amandes

149 calories par portion

Pour 4 personnes
Préparation et cuisson : 35 min

1 échalote
2 ou 3 bulbes de fenouil
2 cuill. à soupe d'huile d'olive
2 gousses d'ail
60 cl de bouillon de légumes
2 cuill. à soupe d'amandes en poudre
2 cuill. à soupe de crème fraîche épaisse
sel et poivre du moulin

POUR SERVIR
tranches de baguette grillées
tapenade

1 Pelez l'échalote et hachez-la. Coupez les frondes du fenouil, réservez-les, puis préparez les bulbes et détaillez-les en 4 morceaux. Mettez l'huile à chauffer dans une casserole et faites revenir l'échalote jusqu'à ce qu'elle soit translucide. Pilez l'ail, puis ajoutez-le dans la casserole avec le fenouil et la moitié du bouillon. Portez à ébullition et laissez mijoter 15 minutes.

2 Transférez le contenu de la casserole dans le bol d'un robot. Ajoutez les amandes en poudre, puis mixez jusqu'à l'obtention d'un mélange lisse. Versez la soupe dans la casserole avec le reste du bouillon. Portez à ébullition, puis incorporez la crème fraîche à la préparation. Répartissez la soupe dans des bols. Parsemez de frondes de fenouil et servez avec des toasts tartinés de tapenade.

Potage à la patate douce

240 calories par portion

Pour 4 personnes
Préparation et cuisson : 20 min

1 oignon
750 g de patates douces
1 cuill. à soupe d'huile végétale
1 ou 2 cuill. à café de pâte de curry rouge ou vert
1 l de bouillon de légumes
4 cuill. à soupe de lait de coco allégé
sel et poivre du moulin

POUR SERVIR
quelques feuilles de coriandre
mini-naan (pains indiens)

1 Pelez l'oignon, puis hachez-le. Nettoyez les patates douces et râpez-les. Mettez l'huile à chauffer dans une sauteuse, puis faites revenir l'oignon pendant 4 ou 5 minutes. Incorporez la pâte de curry aux oignons et laissez cuire 1 minute. Ajoutez les patates douces et le bouillon dans la sauteuse, portez à ébullition, puis laissez mijoter 5 minutes.

2 Ôtez du feu. Versez le lait de coco dans la sauteuse. Assaisonnez et mélangez le tout. Laissez refroidir un peu, puis mixez jusqu'à l'obtention d'une soupe lisse. Répartissez la préparation dans des assiettes creuses. Parsemez de feuilles de coriandre et servez avec des mini-naan chauds.

POTAGE DE CAROTTES AUX LENTILLES

238 calories par portion

POUR 4 PERSONNES
Préparation et cuisson : 25 min

600 g de carottes
2 cuill. à café de graines de cumin
1 pincée de piment en poudre
2 cuill. à soupe d'huile d'olive
140 g de lentilles corail
1 l de bouillon de légumes
15 cl de lait
sel et poivre du moulin

POUR SERVIR
4 cuill. à soupe de yaourt nature allégé
quelques feuilles de persil plat
naan (pains indiens)

1 Lavez les carottes et râpez-les grossièrement. Mettez à chauffer une grande casserole, puis faites griller les graines de cumin et le piment à sec jusqu'à ce que les graines sautent dans la casserole. Réservez la moitié du contenu de la casserole dans un bol.

2 Ajoutez l'huile, les carottes, les lentilles, le bouillon et le lait dans la casserole. Portez à ébullition, puis laissez mijoter 15 minutes.

3 Mixez la préparation jusqu'à l'obtention d'une soupe homogène et assaisonnez-la selon votre goût. Répartissez le potage dans des bols. Déposez 1 cuillerée à soupe de yaourt dans chaque bol. Parsemez de feuilles de persil et du reste de graines de cumin, puis servez avec des naan chauds.

VOLAILLE, VIANDE ET POISSON

Poulet croustillant à la tomate

238 calories par portion

Pour 4 personnes
Préparation et cuisson : 40 à 45 min

4 blancs de poulet sans la peau
2 tranches épaisses de pain complet
2 cuill. à café de fines herbes séchées
1 gousse d'ail
400 g de tomates concassées en conserve
1 cuill. à café de vinaigre balsamique
2 cuill. à café de purée de tomates
350 g de haricots verts surgelés
1 poignée de persil plat

1 Préchauffez le four à 170 °C (therm. 5-6). Incisez les blancs de poulet dans l'épaisseur sans aller jusqu'au bout, ouvrez-les et disposez-les dans un plat à rôtir antiadhésif.

2 Coupez le pain en morceaux, mettez-les dans le bol d'un robot avec les fines herbes et mixez le tout. Écrasez l'ail, puis mélangez-le dans un saladier avec les tomates, le vinaigre et la purée de tomates. Étalez la préparation sur les blancs de poulet et parsemez de chapelure aux fines herbes. Enfournez, puis laissez cuire de 20 à 25 minutes.

3 Pendant ce temps, faites cuire les haricots verts 4 minutes dans une grande casserole d'eau bouillante salée, puis égouttez-les. Ciselez le persil. Répartissez les haricots verts dans quatre assiettes, puis ajoutez le poulet. Parsemez de persil et servez.

Poulet grillé au citron vert

225 calories par portion

Pour 4 personnes
Préparation et cuisson : 30 min
Marinade : 10 min

4 blancs de poulet avec la peau
1 cuill. à café de poivre noir en grains
3 cm de gingembre
2 gousses d'ail
1 cuill. à soupe de sauce soja
le zeste de 1 citron vert et le jus de 2 citrons verts

POUR SERVIR
quartiers de citron vert

1 Incisez chacun des blancs de poulet en 3 endroits, puis mettez-les dans un plat. Pilez grossièrement les grains de poivre dans un mortier. Râpez finement le gingembre, pressez l'ail et mélangez-les avec le poivre pilé, la sauce soja, ainsi que le zeste et le jus de citron vert. Mélangez bien le tout, puis versez cette sauce sur le poulet et laissez mariner pendant au moins 10 minutes, voire toute la nuit, au réfrigérateur.

2 Préchauffez le gril du four et faites griller le poulet pendant 6 à 8 minutes de chaque côté, jusqu'à ce qu'il soit cuit à cœur. Vous pouvez également faire griller le poulet au barbecue : même temps de cuisson, mais attendez que la braise ne soit pas trop vive. Transférez sur un plat de service, puis arrosez avec le jus de cuisson. Servez avec des quartiers de citron vert.

Poulet laqué au piment

242 calories par portion

Pour 4 personnes
Préparation et cuisson : 20 min

3 ou 4 cuill. à soupe de sauce au piment (selon votre goût)
2 cuill. à soupe de miel doux liquide
2 cuill. à soupe d'huile d'olive
4 blancs de poulet avec la peau
2 gousses d'ail
sel et poivre du moulin

POUR SERVIR
quartiers de citron vert (facultatif)

1 Faites chauffer un gril sur feu vif. Préparez le glaçage en mélangeant la sauce au piment, le miel et l'huile dans un grand saladier. Avec un couteau bien aiguisé, incisez les blancs de poulet de 3 à 4 entailles. Salez et poivrez à votre convenance, puis soulevez la peau et étalez l'ail pressé sur la chair. Badigeonnez le côté sans la peau des blancs de glaçage et réservez le reste.

2 Placez les blancs de poulet côté peau vers le bas sur le gril et laissez cuire 8 minutes jusqu'à ce que leur surface soit dorée et collante. Retournez-les, badigeonnez le côté peau avec le reste de glaçage et remettez-les sur le gril de 6 à 8 minutes, jusqu'à ce qu'ils soient tendres et entièrement cuits. Servez accompagné de quartiers de citron vert, si vous le souhaitez.

Poulet aux légumes de printemps

339 calories par portion

Pour 4 personnes
Préparation et cuisson : 25 min

1 blanc d'œuf
5 cuill. à soupe de parmesan finement râpé
4 blancs de poulet sans la peau
400 g de pommes de terre nouvelles
150 g de petits pois surgelés
1 bonne poignée de pousses d'épinards
2 cuill. à soupe d'huile d'olive
1 cuill. à soupe de vinaigre de vin blanc
sel et poivre du moulin

1 Préchauffez le gril du four à température moyenne et tapissez la lèchefrite d'une feuille d'aluminium. Battez le blanc d'œuf dans une assiette creuse, salez et poivrez. Versez le parmesan sur une assiette. Plongez successivement les blancs de poulet dans l'œuf battu, puis roulez-les dans le parmesan et faites-les griller de 10 à 12 minutes, jusqu'à ce qu'ils soient dorés et croustillants, en les retournant une fois à mi-cuisson.

2 Pendant ce temps, coupez les pommes de terre en dés et faites-les bouillir pendant 10 minutes, en ajoutant les petits pois avant les 3 dernières minutes. Égouttez les légumes, puis mélangez-les avec les pousses d'épinards, l'huile et le vinaigre. Salez et poivrez à votre convenance et servez cette salade avec le poulet.

Poulet à l'orange et au romarin

259 calories par portion

Pour 4 personnes

Préparation et cuisson : 25 min

4 blancs de poulet sans la peau
2 cuill. à soupe d'huile d'olive
3 cuill. à soupe de vinaigre balsamique
15 cl de jus d'orange frais
15 cl de bouillon de volaille
2 cuill. à café de romarin frais
1 cuill. à soupe de sucre brun
1 noix de beurre
sel et poivre du moulin

POUR SERVIR
quartiers d'orange
romarin frais

1 Enroulez les blancs de poulet dans du film alimentaire, aplatissez-les avec un rouleau à pâtisserie, déballez-les puis poivrez chaque escalope. Faites-les revenir pendant 5 minutes avec l'huile dans une poêle à feu moyen en les retournant à mi-cuisson.

2 Versez 2 cuillerées à soupe de vinaigre sur les escalopes de poulet, arrosez de jus d'orange et de bouillon, parsemez de romarin finement haché puis salez à votre convenance. Portez à ébullition, baissez le feu et laissez cuire 5 minutes à petit bouillon, jusqu'à ce que le poulet soit cuit, en l'arrosant régulièrement de sauce et en le retournant à mi-cuisson. Retirez le poulet.

3 Ajoutez le sucre, le beurre et le reste de vinaigre. Laissez réduire la sauce quelques minutes. Transférez les blancs de poulet dans un plat de service, arrosez-les de sauce et servez avec des quartiers d'orange et du romarin.

Poulet épicé aux tomates et aux olives

184 calories par portion

Pour 4 personnes
Préparation et cuisson : 20 min

4 blancs de poulet sans la peau
2 cuill. à café de harissa
1 cuill. à café d'huile d'olive
1 cuill. à café d'origan séché
250 g de tomates cerises
1 poignée d'olives noires dénoyautées

1 Préchauffez le four à 200 °C (therm. 6-7). Mettez le poulet dans un plat à rôtir de taille moyenne. Badigeonnez-le de harissa et d'huile, et saupoudrez-le d'origan. Couvrez d'une feuille d'aluminium et enfournez pour 5 minutes.

2 Ôtez la feuille d'aluminium. Ajoutez les tomates cerises et les olives dans le plat. Prolongez la cuisson de 10 minutes, jusqu'à ce que le poulet soit cuit, puis servez.

Poulet à la moutarde et purée de légumes

248 calories par portion

Pour 4 personnes
Préparation et cuisson : 25 min

1 kg de céleri-rave
500 g de carottes
500 g de blancs de poulet sans la peau
1 cuill. à soupe de farine complète
1 cuill. à soupe d'huile de tournesol
2 cuill. à soupe de moutarde à l'ancienne
30 cl de bouillon de légumes ou de volaille
sel et poivre du moulin

POUR SERVIR
haricots verts cuits à la vapeur

1 Pelez le céleri-rave et les carottes, puis râpez-les et réunissez-les dans une casserole. Couvrez d'eau bouillante, ajoutez 1 pincée de sel et laissez bouillir à couvert de 10 à 12 minutes, jusqu'à ce que les légumes soient tendres.

2 Pendant ce temps, coupez le poulet en aiguillettes, puis assaisonnez la farine et enrobez-en les morceaux de poulet. Mettez l'huile à chauffer dans une sauteuse et faites frire le poulet des deux côtés jusqu'à ce qu'il soit légèrement doré. Ajoutez la moutarde et le bouillon dans la sauteuse, puis portez à ébullition. Laissez mijoter pendant 5 ou 6 minutes en remuant régulièrement.

3 Égouttez le céleri-rave et les carottes, puis réduisez-les en purée à l'aide d'un mixeur. Répartissez cette purée dans quatre assiettes, ajoutez le poulet et nappez-le de sauce. Servez avec des haricots verts cuits à la vapeur.

Poulet aux panais

326 calories par portion

Pour 4 personnes
Préparation et cuisson : 50 min

2 oignons
350 g de panais
1 cuill. à soupe d'huile d'olive
8 cuisses de poulet sans la peau
30 cl de bouillon de légumes
2 cuill. à soupe de moutarde à l'ancienne
2 cuill. à soupe de miel liquide
quelques brins de thym
quelques brins de persil plat
sel et poivre du moulin

POUR SERVIR
légumes verts cuits à la vapeur

1 Hachez les oignons et coupez les panais en frites. Dans une cocotte, mettez l'huile à chauffer, faites-y dorer les cuisses de poulet et réservez-les dans une assiette. Faites revenir les oignons pendant 5 minutes dans la cocotte.

2 Posez les cuisses de poulet sur les oignons et ajoutez les panais. Dans un saladier, mélangez le bouillon, la moutarde et le miel, puis versez le tout dans la cocotte. Effeuillez le thym et parsemez-en la préparation. Portez à ébullition, couvrez et laissez cuire pendant 30 minutes, jusqu'à ce que le poulet soit tendre.

3 Assaisonnez, parsemez de persil et, si vous le souhaitez, servez avec des légumes verts cuits à la vapeur.

Poulet au chou et aux carottes à la vapeur

332 calories par portion

Pour 4 personnes
Préparation et cuisson : 25 min

70 cl de bouillon de volaille
4 blancs de poulet sans la peau
100 g de lard en tranches
1/2 chou de Savoie
6 carottes

1 Versez le bouillon chaud dans le fond d'un cuit-vapeur. Ajoutez-y les blancs de poulet et les tranches de lard. Placez le chou coupé en quartiers et les carottes pelées et coupées en morceaux dans le panier, au-dessus du bouillon. Couvrez et faites cuire à la vapeur pendant 15 minutes, jusqu'à ce que le poulet soit cuit, le chou ramolli et les carottes tendres.

2 Sortez les blancs du bouillon et coupez-les en deux dans la diagonale. Répartissez le poulet et les légumes dans quatre assiettes. Versez dessus le bouillon au lard et servez bien chaud.

Ragoût de poulet et fenouil aux tomates

351 calories par portion

Pour 2 personnes
Préparation et cuisson : 35 min

1 gros bulbe de fenouil
1 cuill. à soupe d'huile d'olive
2 blancs de poulet sans la peau
1 gousse d'ail
200 g de pommes de terre nouvelles
400 g de tomates pelées en conserve
15 cl de bouillon de volaille ou de légumes
3 poivrons rôtis en conserve ou en saumure
sel et poivre du moulin

POUR SERVIR
pain grillé

1 Coupez et réservez les frondes du fenouil. Tranchez le bulbe en quartiers, éliminez le cœur dur, puis émincez-les. Faites chauffer l'huile dans une poêle, ajoutez les blancs détaillés en lamelles et faites-les sauter jusqu'à ce qu'ils se colorent un peu. Ajoutez l'ail haché et le fenouil et prolongez la cuisson de 5 minutes.

2 Incorporez les pommes de terre et les tomates coupées en morceaux, versez le bouillon, assaisonnez, puis portez à ébullition. Couvrez et laissez mijoter 20 minutes à petite ébullition, jusqu'à ce que les pommes de terre soient tendres. Ajoutez les poivrons en morceaux et réchauffez-les. Hachez grossièrement les frondes de fenouil et parsemez-en le ragoût. Servez avec du pain grillé pour saucer.

Tajine de poulet

304 calories par portion

Pour 4 personnes
Préparation et cuisson : 50 min

8 cuisses de poulet sans la peau
400 g de carottes
1 oignon
2 cuill. à soupe d'huile d'olive
2 cuill. à café de gingembre fraîchement râpé
1 pincée de safran ou de curcuma
1 cuill. à soupe de miel liquide
un petit bouquet de persil
sel et poivre du moulin

POUR SERVIR
quartiers de citron

1 Si les cuisses de poulet sont grosses, coupez-les en deux. Détaillez les carottes en bâtonnets et hachez l'oignon. Faites chauffer l'huile dans une grosse cocotte, puis saisissez le poulet à découvert jusqu'à ce qu'il commence à dorer. Ajoutez l'oignon et le gingembre et faites revenir le tout pendant 2 minutes. Versez 15 cl d'eau, puis incorporez le safran, le miel et les carottes. Salez, poivrez et mélangez bien l'ensemble.

2 Portez à ébullition, puis couvrez hermétiquement et laissez mijoter pendant 30 minutes, jusqu'à ce que la viande soit tendre. Retirez le couvercle et augmentez le feu pendant 5 minutes environ pour que la sauce réduise un peu. Parsemez de persil grossièrement haché et servez avec des quartiers de citron.

Ragoût de jambon aux légumes

272 calories par portion

Pour 4 personnes
Préparation et cuisson : 45 min

1 gros oignon
500 g de pommes de terre
500 g de tomates
1 poivron rouge
3 courgettes
1 tranche de jambon épaisse d'environ 175 g
2 cuill. à soupe d'huile d'olive
15 cl de bouillon de légumes ou de volaille
1 cuill. à café de thym séché ou 1 cuill. à soupe de thym frais haché
1 poignée de persil haché
sel et poivre du moulin

1 Hachez l'oignon, coupez les pommes de terre en deux et les tomates en quatre. Épépinez le poivron, puis coupez-le en morceaux. Émincez les courgettes et détaillez le jambon en lamelles.

2 Mettez l'huile à chauffer dans une grande casserole. Ajoutez l'oignon et faites-le dorer pendant 8 minutes. Ajoutez les pommes de terre, le poivron, les tomates, le bouillon, le thym, puis assaisonnez à votre goût.

3 Couvrez et laissez cuire 25 minutes en remuant de temps en temps. Les pommes de terre doivent être presque tendres.

4 Ajoutez les courgettes, puis laissez mijoter 5 minutes. Incorporez le jambon et le persil, puis réchauffez le tout en mélangeant soigneusement. Assaisonnez et servez aussitôt.

Risotto aux lardons et aux poireaux

370 calories par portion

Pour 4 personnes
Préparation et cuisson : 40 min

70 cl de bouillon de volaille ou de légumes
6 tranches de poitrine de porc fumée
2 poireaux
1 cuill. à soupe d'huile d'olive
250 g de riz arborio
175 g de petits pois surgelés
3 cuill. à soupe de fromage frais allégé
1 citron
sel et poivre du moulin

1 Préchauffez le four à 200 °C (therm. 6-7). Dans une casserole, faites chauffer le bouillon. Hachez grossièrement la poitrine de porc. Coupez les poireaux en deux dans le sens de la longueur, puis émincez-les finement. Dans une cocotte, mettez l'huile à chauffer. Faites revenir la poitrine fumée 2 minutes dans la cocotte, puis ajoutez les poireaux et laissez-les fondre 5 minutes. Versez le riz dans la cocotte et faites-le revenir 1 minute. Mouillez avec le bouillon, puis couvrez et enfournez pour 20 minutes, en remuant à mi-cuisson.

2 Sortez le plat du four. Incorporez les petits pois, puis enfournez pour 2 minutes. Ajoutez le fromage à la préparation. Râpez le zeste de citron au-dessus du risotto, puis assaisonnez et servez aussitôt.

Brochettes de porc à la provençale

220 calories par portion

Pour 4 personnes
Préparation et cuisson : 15 à 20 min

600 g de filet mignon de porc
1 botte d'oignons nouveaux
2 cuill. à café d'herbes de Provence
le zeste et le jus de 1 citron
1 cuill. à soupe de miel liquide
1 cuill. à soupe d'huile d'olive
sel et poivre du moulin

POUR SERVIR
salade de tomates (facultatif)

1 Coupez le filet mignon en cubes. Préparez les petits oignons en laissant 2 cm de tige.

2 Mélangez les herbes de Provence, le zeste et le jus de citron, le miel, l'huile avec un peu de sel et de poivre dans un plat creux. Mettez la viande dans cette marinade et remuez plusieurs fois pour bien enrober les morceaux.

3 Enfilez les cubes de porc et les petits oignons sur huit piques à brochette, en les alternant. Allumez le gril du four ou faites chauffer un gril à feu vif. Faites griller les brochettes de 6 à 8 minutes, en les retournant de temps en temps. Servez bien chaud, avec une salade de tomates en accompagnement, si vous le souhaitez.

ESCALOPES DE PORC CROUSTILLANTES

380 calories par portion

POUR 4 PERSONNES
Préparation et cuisson : 30 min

4 escalopes de porc dans le filet mignon
2 tranches de pain de mie
1 poignée de feuilles de sauge fraîches
25 g de parmesan
1 œuf
1 cuill. à soupe d'huile d'olive
sel et poivre du moulin

POUR LA SALADE DE CHOU
1/2 chou blanc
2 pommes rouges
4 cuill. à soupe de lait fermenté
ou de yaourt nature allégé

POUR SERVIR
quartiers de citron (facultatif)

1 Placez les escalopes de porc entre deux feuilles de papier sulfurisé et aplatissez-les avec un rouleau à pâtisserie jusqu'à ce qu'elles fassent à peu près 1 cm d'épaisseur. Émiettez le pain à l'aide d'un robot, puis ajoutez la sauge et mixez encore de façon à hacher les feuilles. Râpez le parmesan, incorporez-le à la préparation, étalez l'ensemble sur une assiette et poivrez.

2 Plongez les escalopes de porc l'une après l'autre dans l'œuf battu, laissez l'excédent s'égoutter, puis couvrez la viande de panure en pressant bien d'un côté, puis de l'autre. Réservez. Faites chauffer l'huile dans une grande poêle antiadhésive et faites cuire les escalopes 3 ou 4 minutes de chaque côté, jusqu'à ce qu'elles soient dorées.

3 Pendant ce temps, préparez la salade de chou. Retirez le cœur du chou et coupez-le avec les pommes en fines lamelles. Mélangez le chou avec le lait fermenté et les pommes, salez et poivrez. Servez les escalopes panées accompagnées de cette salade de chou, et éventuellement de quartiers de citron.

Poêlée de bœuf aux légumes verts

245 calories par portion

Pour 4 personnes
Préparation et cuisson : 35 min

2 biftecks d'aloyau dégraissés de 200 g chacun
4 oignons nouveaux
2 gousses d'ail
350 g de brocolis
3 bok choï (choux chinois)
1 cuill. à soupe d'huile de tournesol
300 g de pois mangetout
4 cuill. à soupe de sauce hoisin

POUR SERVIR
nouilles chinoises ou riz

1 Coupez les biftecks en lamelles et les oignons en tranches épaisses. Émincez l'ail et détaillez les brocolis en bouquets. Détachez les feuilles des bok choï et coupez-les en quatre.

2 Dans un wok ou une grande poêle, mettez l'huile à chauffer, puis faites revenir les lamelles de bœuf pendant 3 ou 4 minutes. Réservez-les. Ajoutez les brocolis et l'ail dans le wok, arrosez-les d'un peu d'eau et laissez-les revenir à feu vif pendant 4 ou 5 minutes.

3 Ajoutez les pois mangetout, les oignons et les bok choï à la préparation, puis faites sauter le tout pendant 2 minutes. Incorporez la sauce hoisin et le bœuf. Faites chauffer brièvement et, si nécessaire, ajoutez un peu d'eau. Si vous le souhaitez, servez avec des nouilles chinoises ou du riz.

MOUSSAKA ALLÉGÉE

342 calories par portion

POUR 4 PERSONNES
Préparation et cuisson : 45 min

500 g de bœuf maigre haché
1 grosse aubergine
1 œuf
150 g de yaourt à la grecque à 0 % de M. G.
3 cuill. à soupe de parmesan finement râpé
350 g de pommes de terre
2 gousses d'ail
1 bonne poignée de fines herbes
400 g de tomates concassées en conserve
4 cuill. à soupe de purée de tomates séchées
sel et poivre du moulin

1 Préchauffez le gril du four à température maximale. Faites chauffer à feu vif une sauteuse allant au four, puis faites-y revenir le bœuf pendant 5 minutes.

2 Pendant ce temps, piquez l'aubergine à l'aide d'une fourchette et faites-la cuire au micro-ondes de 3 à 5 minutes à puissance maximale. Dans un saladier, battez l'œuf, puis ajoutez le yaourt, le parmesan, 1 pincée de sel et un peu de poivre. Mélangez le tout et réservez.

3 Pelez les pommes de terre, puis faites-les cuire dans une casserole d'eau de 10 à 15 minutes. Écrasez l'ail et hachez les fines herbes, puis ajoutez-les dans la sauteuse avec les tomates, la purée de tomates et les pommes de terre cuites. Mélangez, assaisonnez légèrement et réchauffez le tout. Lissez la surface de la préparation.

4 Coupez l'aubergine en rondelles et disposez-les sur la préparation. Nappez du mélange à base de yaourt, lissez la surface, puis enfournez et laissez cuire jusqu'à ce que le dessus du plat soit doré.

Ragoût de bœuf aux petits pois

286 calories par portion

Pour 4 personnes
Préparation et cuisson : 30 min

2 pommes de terre
200 g de petits pois surgelés
1 cuill. à soupe d'huile d'olive
250 g de boulettes de bœuf maigre
1 oignon
2 gousses d'ail
1 cuill. à soupe de romarin frais haché
60 cl de purée de tomates
sel et poivre du moulin

POUR SERVIR
copeaux de parmesan
pain croustillant (facultatif)

1 Pelez et coupez les pommes de terre en dés de 3 cm de côté, puis faites-les cuire dans une casserole d'eau bouillante pendant 10 minutes. Faites blanchir les petits pois pendant 3 ou 4 minutes, puis réservez-les.

2 Pendant ce temps, mettez l'huile à chauffer dans une grande poêle. Assaisonnez les boulettes de viande. Faites-les dorer pendant 5 minutes en les retournant régulièrement, enlevez-les de la poêle et réservez-les. Hachez l'oignon et l'ail, ajoutez-les dans la poêle avec le romarin, puis faites-les frire à feu doux pendant 5 minutes.

3 Ajoutez la purée de tomates. Portez à ébullition, ajoutez les boulettes de viande et laissez mijoter pendant 5 minutes. Ajoutez les pommes de terre et les petits pois, puis prolongez la cuisson de 1 minute. Parsemez le ragoût de copeaux de parmesan et, si vous le souhaitez, servez-le avec du pain.

Curry d'agneau express aux épinards

205 calories par portion

Pour 4 personnes
Préparation et cuisson : 20 min

200 g d'épaule d'agneau maigre
10 g de coriandre
1 poivron rouge
1 piment vert
1/2 cuill. à café de graines de cumin
2 cuill. à café d'huile de tournesol
4 tomates
2 cuill. à soupe de pâte de curry doux
15 cl de crème de coco
100 g de pousses d'épinards

POUR SERVIR
riz basmati

1 Coupez l'agneau en dés et ciselez la coriandre. Épépinez le poivron et le piment, puis émincez l'ensemble. Dans un wok ou une sauteuse, mettez les graines de cumin à dorer à sec pendant 20 secondes. Ajoutez la moitié de l'huile et laissez revenir l'agneau 1 minute dans le wok. Réservez sur une assiette.

2 Versez le reste d'huile dans le wok, puis faites rissoler le poivron et le piment jusqu'à ce qu'ils soient fondants. Pendant ce temps, coupez les tomates en quartiers et ajoutez-les dans le wok avec la pâte de curry et la crème de coco, en mélangeant bien le tout. Versez 25 cl d'eau et laissez frémir 5 minutes, puis incorporez l'agneau, les épinards et la coriandre à la préparation. Prolongez la cuisson en remuant jusqu'à ce que les épinards commencent à fondre. Servez accompagné de riz basmati.

Bouchées de poisson gratinées au fromage

179 calories par portion

Pour 4 personnes
Préparation et cuisson : 20 min

huile d'olive ou de tournesol
4 beaux filets de poisson à chair blanche (églefin ou cabillaud), de 500 g en tout
4 tranches de jambon assez fines
50 g de gruyère
2 oignons nouveaux
sel et poivre du moulin

POUR SERVIR
salade verte

1 Préchauffez le gril du four à haute température et huilez légèrement un grand plat peu profond allant au four et sur le feu. Disposez les filets, côté peau en dessous, dans le plat, en les espaçant un peu, et huilez-les avec un pinceau. Passez-les 2 minutes sous le gril.

2 Sortez le plat du four, retournez le poisson et recouvrez chaque filet de 1 tranche de jambon repliée. Râpez le gruyère, coupez les oignons en biseau et mélangez ces ingrédients ensemble. Saupoudrez-en le jambon, salez et poivrez. Remettez 5 minutes sous le gril. Lorsque le poisson commence à se défaire, sortez du four et servez avec une salade verte.

Saumon aux épinards

321 calories par portion

Pour 2 personnes
Préparation et cuisson : 15 min

1 cuill. à café d'huile de tournesol
2 pavés de saumon sans la peau
250 g d'épinards frais
1/2 citron
2 cuill. à soupe de persil plat
2 cuill. à soupe de crème fraîche allégée
1 cuill. à café de câpres
sel et poivre du moulin

POUR SERVIR
quartiers de citron

1 Dans une sauteuse, mettez l'huile à chauffer. Assaisonnez le saumon des deux côtés et faites-le revenir dans la sauteuse pendant 4 minutes de chaque côté, puis réservez-le au chaud.

2 Déposez les épinards dans la sauteuse encore chaude. Assaisonnez-les généreusement, puis couvrez et laissez-les fondre 1 minute, en remuant une ou deux fois. Répartissez les épinards dans deux assiettes et posez le saumon dessus.

3 Pressez le demi-citron. Hachez le persil, puis mettez-le dans la sauteuse avec la crème fraîche, le jus de citron et les câpres. Assaisonnez selon votre goût. Faites chauffer la sauce à feu doux sans la faire bouillir, puis versez-la sur le poisson. Servez avec des quartiers de citron.

POISSON AU THYM ET À LA TOMATE

172 calories par portion

POUR 4 PERSONNES
Préparation et cuisson : 20 min

1 oignon
1 cuill. à soupe d'huile d'olive
400 g de tomates concassées en conserve
1 cuill. à café bombée de sucre blond
quelques brins de thym frais
1 cuill. à soupe de sauce soja
4 filets de poisson blanc

POUR SERVIR
pommes de terre à la vapeur ou rôties

1 Hachez l'oignon. Faites chauffer l'huile dans une poêle et faites blondir l'oignon de 5 à 8 minutes. Incorporez les tomates, le sucre, les feuilles de thym et la sauce soja, puis portez à ébullition.

2 Laissez frémir pendant 5 minutes, puis faites glisser délicatement le poisson dans la sauce. Couvrez et laissez mijoter à feu doux jusqu'à ce que la chair du poisson se détache facilement. Servez avec des pommes de terre à la vapeur ou rôties.

Bar aux légumes à la vapeur

188 calories par portion

Pour 2 personnes
Préparation et cuisson : 20 min

1 piment vert ou rouge
1 cm de gingembre
300 g de chou vert ou autre légume vert
2 filets de bar ou de poisson blanc d'environ 100 g chacun
2 gousses d'ail
2 cuill. à café d'huile de tournesol
1 cuill. à café d'huile de sésame
2 cuill. à café de sauce soja
sel

1 Épépinez et hachez finement le piment. Émincez le gingembre et le chou. Parsemez le poisson de piment et de gingembre et salez-le légèrement. Faites cuire le chou à la vapeur pendant 5 minutes, puis posez les filets dessus et prolongez la cuisson de 5 minutes, jusqu'à ce qu'ils soient cuits.

2 Pendant ce temps, émincez l'ail, faites chauffer l'huile de tournesol et de sésame dans une petite poêle et faites-le revenir brièvement en remuant sans cesse jusqu'à ce qu'il soit légèrement doré. Dressez deux assiettes avec le chou et le poisson, versez 1 cuillerée à café de sauce soja sur chaque filet, puis arrosez avec l'huile aillée.

Filets de poisson au citron et au romarin

184 calories par portion

Pour 4 personnes
Préparation et cuisson : 20 min

4 filets de poisson blanc
2 brins de romarin frais
ou 1 cuill. à soupe de romarin séché haché
50 g de pain (environ 2 tranches)
le zeste de 2 citrons
1 cuill. à soupe d'huile d'olive
sel et poivre du moulin

POUR SERVIR
quartiers de citrons
pommes de terre nouvelles rôties

1 Préchauffez le gril du four à température moyenne. Placez les filets de poisson sur une plaque de cuisson, côté peau vers le haut, et enfournez pour 4 minutes.

2 Pendant ce temps, hachez le romarin. Coupez le pain en morceaux et mettez-les dans le bol d'un robot avec le romarin et le zeste de citron. Salez, poivrez et mixez finement.

3 Retournez le poisson, répartissez la chapelure sur les filets et pressant légèrement pour tasser le tout. Arrosez d'un filet d'huile d'olive et enfournez pour 4 minutes, jusqu'à ce que la chapelure soit croustillante. Servez le poisson avec des pommes de terre rôties et des quartiers de citron.

Hamburgers au thon et au maïs

262 calories par portion

Pour 4 personnes
Préparation et cuisson : 25 min

85 g de pain rassi
200 g de maïs en conserve
25 g de cheddar ou de gruyère
3 oignons nouveaux
370 g de thon en conserve
1 œuf
2 cuill. à soupe d'huile végétale
4 petits pains ronds
quelques feuilles de laitue
4 cuill. à soupe bombées de sauce tomate
sel et poivre du moulin

1 Émiettez le pain, mettez-le dans le bol d'un robot, puis mixez jusqu'à l'obtention d'une chapelure et transférez-la dans un saladier. Égouttez le maïs, ajoutez-en la moitié dans le bol du robot et mixez. Râpez le cheddar.

2 Émincez les oignons, égouttez le thon et ajoutez-les dans le saladier avec les grains de maïs mixés et ceux réservés. Brassez le tout, puis incorporez au mélange le fromage râpé et assaisonnez selon votre goût. Dans un bol, battez l'œuf et versez-le progressivement dans la préparation en remuant. Façonnez quatre steaks de même taille.

3 Mettez l'huile à chauffer dans une casserole antiadhésive et faites cuire les steaks 5 minutes de chaque côté. Coupez les pains en deux, puis couvrez les bases de laitue. Déposez un steak sur la salade, 1 bonne cuillerée à soupe de sauce tomate, recouvrez les burgers et servez.

Moules épicées à la crème

285 calories par portion

Pour 4 personnes
Préparation et cuisson : 30 min

2 échalotes
2 kg de moules
25 g de beurre
1 cuill. à café de farine
1 ou 2 cuill. à café de pâte de curry
15 cl de vin blanc sec
10 cl de crème fraîche

POUR SERVIR
persil ciselé
pain frais (facultatif)

1 Pelez les échalotes, puis hachez-les. Grattez les moules et lavez-les. Jetez celles qui sont ouvertes. Mettez une grande casserole à chauffer et faites fondre le beurre, puis laissez revenir les échalotes jusqu'à ce qu'elles soient fondantes. Incorporez la farine et la pâte de curry. Laissez revenir le tout 1 minute.

2 Mouillez avec le vin et ajoutez les moules, puis couvrez et faites-les cuire en secouant plusieurs fois la casserole jusqu'à ce que toutes les moules soient ouvertes. Posez une passoire au-dessus d'un saladier, puis videz le contenu de la casserole dans la passoire. Jetez toutes les moules qui ne se sont pas ouvertes.

3 Versez l'eau de cuisson dans la casserole, puis ajoutez la crème fraîche et laissez frémir 1 minute. Répartissez les moules dans quatre assiettes creuses et nappez de sauce à la crème. Parsemez de persil, puis servez éventuellement avec du pain frais.

Crevettes à la tomate et à la feta

186 calories par portion

Pour 4 personnes
Préparation et cuisson : 20 min

2 oignons
3 cuill à soupe d'huile d'olive
1 pincée de sucre en poudre
600 g de tomates concassées en conserve
200 g de sauce tomate
350 g de grosses crevettes
100 g de feta
3 cuill. à soupe de persil haché
sel et poivre du moulin

POUR SERVIR
riz

1 Hachez finement les oignons. Mettez l'huile à chauffer dans une poêle à feu doux, puis faites frire les oignons pendant 7 minutes. Ajoutez le sucre, les tomates et la sauce tomate, mélangez, puis laissez mijoter 5 minutes.

2 Pendant ce temps, décortiquez les crevettes et mettez-les dans la poêle. Assaisonnez et laissez cuire 5 minutes à feu doux.

3 Répartissez la préparation dans des assiettes sur du riz. Émiettez la feta sur la préparation, parsemez de persil, puis servez.

PLATS VÉGÉTARIENS ET ACCOMPAGNEMENTS

Hamburgers végétariens

271 calories par portion

Pour 4 personnes
Préparation et cuisson : 30 min

250 g de champignons de Paris
2 gousses d'ail
1 botte d'oignons nouveaux
400 g de pois chiches en conserve
1 cuill. à soupe d'huile d'olive
1 cuill. à soupe de curry
le zeste et le jus de 1/2 citron
85 g de chapelure fraîche de pain complet
2 petits pains aux céréales
6 cuill. à soupe de yaourt à la grecque à 0 % de M. G.
1 pincée de cumin en poudre

POUR SERVIR
quelques rondelles de tomate
1 poignée de roquette

1 Hachez les champignons. Pelez l'ail, puis écrasez-le. Émincez les oignons nouveaux. Égouttez les pois chiches, puis rincez-les. Dans une poêle antiadhésive, mettez à chauffer 1 cuillerée à café d'huile, puis faites revenir les champignons, l'ail et les oignons nouveaux pendant 5 minutes. Ajoutez le curry, le zeste et le jus de citron. Mélangez le tout, puis prolongez la cuisson de 2 minutes. Laissez refroidir le contenu de la poêle dans une assiette.

2 Écrasez grossièrement les pois chiches dans un saladier. Incorporez la préparation à base de champignons et la chapelure, puis façonnez quatre steaks. Faites-les dorer à la poêle 3 ou 4 minutes de chaque côté dans le reste d'huile.

3 Coupez les pains en deux et passez-les au grille-pain. Dans un bol, mélangez le yaourt et le cumin, puis étalez la moitié de la préparation sur les pains. Ajoutez les steaks et des rondelles de tomate. Parsemez de roquette, puis servez avec le reste de yaourt au cumin.

Omelette express

266 calories par portion

Pour 1 personne
Préparation et cuisson : 10 min

1 oignon nouveau
2 tomates cerises
2 œufs
1 noix de beurre
1 cuill. à soupe de cheddar ou de gruyère râpé
sel et poivre du moulin

POUR SERVIR
salade verte

1 Émincez l'oignon puis coupez les tomates en deux. Dans un bol, cassez les œufs, salez, poivrez, puis fouettez-les avec une fourchette.

2 Faites fondre le beurre à feu doux dans une petite poêle. Dès qu'il commence à grésiller, versez-y les œufs battus. Avec une spatule, ramenez le mélange vers le centre afin d'obtenir une cuisson homogène de l'omelette. Lorsqu'elle commence à prendre, répartissez dessus le fromage râpé, les tomates et l'oignon.

3 À l'aide de la spatule (ou en inclinant la poêle), repliez l'omelette sur elle-même et faites-la glisser sur une assiette. Servez accompagné d'une salade verte bien croquante.

ŒUFS AU PLAT ET POIVRONS GRILLÉS

187 calories par portion

POUR 4 PERSONNES
Préparation et cuisson : 25 min

1 oignon
2 gousses d'ail
2 poivrons jaunes
300 g de haricots verts
4 tomates
1 cuill. à soupe d'huile d'olive
8 cuill. à soupe de vin blanc
4 œufs
4 cuill. à soupe de persil plat haché
sel et poivre du moulin

1 Hachez finement l'oignon. Écrasez l'ail. Épépinez les poivrons, puis émincez-les. Détaillez les haricots en tronçons de 5 cm et coupez les tomates en dés. Mettez l'huile à chauffer dans une grande poêle antiadhésive, puis faites frire l'oignon et l'ail pendant 2 minutes. Ajoutez les poivrons, les haricots, le vin blanc, puis laissez cuire le tout 2 ou 3 minutes.

2 Incorporez les dés de tomate à la préparation et prolongez la cuisson de 2 minutes. À l'aide d'une cuillère en bois, écartez les légumes de manière à former quatre creux.

3 Cassez 1 œuf dans chaque creux, puis laissez cuire à feu moyen 3 ou 4 minutes, selon votre goût. Parsemez de persil et assaisonnez généreusement. Servez 1 œuf avec des légumes dans chaque assiette.

Tomates épicées et œufs au four

165 calories par portion

Pour 4 personnes
Préparation et cuisson : 25 min

1 piment rouge
2 oignons rouges
1 gousse d'ail
1 petit bouquet de coriandre
1 cuill. à soupe d'huile d'olive
800 g de tomates cerises en conserve
1 cuill. à café de sucre en poudre
4 œufs

POUR SERVIR
pain croustillant

1 Épépinez le piment rouge, puis hachez-le finement avec les oignons. Émincez l'ail, puis séparez les tiges et les feuilles de la coriandre. Hachez les tiges et ciselez les feuilles.

2 Dans une poêle, mettez l'huile à chauffer. Faites-y revenir le piment, les oignons, l'ail et les tiges de coriandre pendant 5 minutes. Incorporez les tomates et le sucre, puis laissez bouillir de 8 à 10 minutes, jusqu'à l'obtention d'une sauce épaisse.

3 Repoussez la préparation vers les bords de la poêle de façon à former quatre creux et cassez 1 œuf dans chacun d'eux. Couvrez et laissez cuire à feu doux de 6 à 8 minutes, selon le degré de cuisson des œufs souhaité. Parsemez de feuilles de coriandre et servez avec du pain croustillant.

Cannellonis aux épinards et à la feta

274 calories par portion

Pour 4 personnes
Préparation et cuisson : 35 min
Décongélation : 2 h

1 kg d'épinards cuits, frais ou surgelés
4 grandes lasagnes
200 g de feta
noix de muscade
50 g d'olives noires dénoyautées
400 g de tomates concassées en conserve
1 cuill. à soupe de câpres
25 g de parmesan râpé
sel et poivre du moulin

1 Si les épinards sont surgelés, faites-les décongeler pendant 2 heures à température ambiante. Préchauffez le four à 200 °C (therm. 6-7). Faites tremper les lasagnes pendant 5 minutes dans un grand récipient d'eau bouillante salée ou faites-les cuire selon les instructions figurant sur le paquet.

2 Pressez bien les épinards pour en extraire autant d'eau que possible, mélangez-les à la feta émiettée, assaisonnez de sel, de poivre et de noix de muscade râpée. Égouttez les lasagnes et coupez-les en deux dans le sens de la longueur. Mettez 4 cuillerées à soupe d'épinards sur chacune, puis roulez-les et posez-les dans un plat à gratin huilé.

3 Hachez les olives. Rincez et égouttez les câpres. Mélangez les olives, les tomates et les câpres dans un grand bol, étalez-les sur les cannellonis, saupoudrez de parmesan et couvrez le plat avec une feuille de papier d'aluminium. Enfournez et laissez cuire 20 minutes.

Gratin de pâtes aux légumes

277 calories par portion

Pour 4 personnes
Préparation et cuisson : 1 h

1 poireau ou 1 botte d'oignons nouveaux
1 poivron rouge
85 g de fusilli ou de macaronis
85 g de maïs en conserve
85 g de petits pois surgelés
2 gros œufs
15 cl de lait demi-écrémé
1 cuill. à soupe de feuilles de thym citron
50 g de cheddar ou de gruyère râpé
2 cuill. à soupe de parmesan finement râpé
sel et poivre du moulin

1 Préchauffez le four à 170 °C (therm. 5-6) et huilez un grand plat allant au four.

2 Émincez le poireau, puis épépinez le poivron et hachez-le. Portez de l'eau salée à ébullition dans une casserole et faites cuire les pâtes pendant 8 minutes. Ajoutez le poireau, le poivron, le maïs et les petits pois dans la casserole, puis prolongez la cuisson de 2 minutes. Égouttez, transvasez le mélange dans le plat allant au four et mélangez le tout.

3 Dans un saladier, fouettez ensemble les œufs, le lait et le thym. Réunissez le cheddar et le parmesan dans un bol, puis incorporez-en les trois quarts au mélange dans le saladier. Assaisonnez selon votre goût et versez le tout dans le plat. Remuez délicatement, puis parsemez du reste de fromage. Enfournez et laissez cuire de 35 à 40 minutes. Laissez refroidir quelques minutes, puis servez.

Gnocchis à la tomate et au chèvre

326 calories par portion

Pour 4 personnes
Préparation et cuisson : 25 min

450 g de tomates
2 poivrons rouges
2 gousses d'ail
2 cuill. à soupe d'huile d'olive
500 g de gnocchis
100 g de fromage de chèvre
quelques feuilles de basilic
sel et poivre du moulin

POUR SERVIR
salade verte (facultatif)

1 Préchauffez le four à 220 °C (therm. 7-8). Coupez les tomates en deux. Épépinez les poivrons, puis coupez-les en lamelles. Dans un plat à rôtir, réunissez les tomates, les poivrons, l'ail et l'huile. Salez, mélangez, puis enfournez pour 20 minutes. Juste avant que les légumes ne soient cuits, faites cuire les gnocchis pendant 3 minutes dans une casserole d'eau bouillante salée. Éteignez le feu dès qu'ils remontent à la surface de l'eau.

2 Retirez le plat du four. Pressez l'ail au-dessus du bol d'un robot pour en extraire la chair. Ajoutez les tomates, les poivrons et leur jus de cuisson, puis assaisonnez et mixez le tout quelques secondes.

3 Égouttez les gnocchis, puis transvasez-les dans un saladier avec la sauce à la tomate. Mélangez, puis répartissez les gnocchis dans quatre assiettes. Émiettez le fromage sur les gnocchis et parsemez de basilic. Servez, éventuellement accompagné d'une salade verte.

Farfalle aux légumes

284 calories par portion

Pour 4 personnes
Préparation et cuisson : 30 min

225 g de farfalle
175 g de fèves fraîches ou surgelées
1 gros oignon
2 gousses d'ail
2 courgettes
6 tomates allongées
1 cuill. à soupe d'huile d'olive vierge extra
1 filet de Tabasco®
1 poignée de basilic
sel et poivre du moulin

1 Faites cuire les pâtes de 10 à 12 minutes dans une grande casserole d'eau bouillante salée. Ajoutez les fèves dans la casserole 3 minutes avant la fin de la cuisson (seulement 2 minutes si vous utilisez des fèves surgelées).

2 Pendant ce temps, hachez finement l'oignon et l'ail. Détaillez les courgettes en bâtonnets et coupez les tomates en quartiers. Mettez l'huile à chauffer dans une grande poêle à feu moyen, puis faites revenir l'oignon pendant 2 minutes. Ajoutez l'ail et les courgettes, remuez, puis prolongez la cuisson de 3 minutes. Incorporez les tomates et le Tabasco® à la préparation, puis laissez cuire encore 3 minutes.

3 Égouttez les pâtes et les fèves et transférez-les dans un saladier de service. Effeuillez le basilic. Incorporez les légumes et le basilic aux pâtes, assaisonnez, mélangez, puis servez chaud.

Risotto à la courge

313 calories par portion

Pour 4 personnes
Préparation et cuisson : 25 min

250 g de riz arborio
70 cl de bouillon de légumes chaud
1 courge de taille moyenne ou 1 potimarron
1 grosse poignée de parmesan râpé
1 poignée de feuilles de sauge fraîches

1 Versez le riz dans un saladier et mouillez avec 50 cl de bouillon chaud. Couvrez avec du film alimentaire et faites cuire au four à micro-ondes à puissance maximale pendant 5 minutes. Pelez la courge, épépinez-la et coupez-la en morceaux. Égrainez le riz à la fourchette, puis incorporez la courge et le reste de bouillon.

2 Couvrez de nouveau le plat avec le film alimentaire et remettez au four à micro-ondes pour 15 minutes en remuant à mi-cuisson, jusqu'à ce que presque tout le bouillon ait été absorbé et que le riz et la courge soient tendres.

3 Laissez reposer le risotto pendant 2 minutes. Hachez grossièrement la sauge, puis incorporez-la à la préparation avec une partie du parmesan. Servez parsemé du reste de parmesan râpé.

Pilaf de légumes de printemps

317 calories par portion

Pour 4 personnes
Préparation et cuisson : 20 min

- 1 cuill. à soupe d'huile d'olive
- 1 oignon
- 300 g de riz basmati
- 70 cl de bouillon de légumes
- 100 g d'asperges
- 1 courgette
- 1 bonne poignée de petits pois frais ou surgelés
- 1 bonne poignée de fèves fraîches ou surgelées
- 1 petite branche d'aneth

1 Faites chauffer l'huile dans une sauteuse, émincez l'oignon et mettez-le à revenir 5 minutes. Lorqu'il est translucide, ajoutez le riz, versez le bouillon et remuez. Portez à ébullition, puis baissez le feu, couvrez et laissez cuire 10 minutes à feu doux, jusqu'à ce que le riz soit presque cuit.

2 Coupez les asperges en tronçons de 2 cm et la courgette en rondelles. Ajoutez tous les légumes dans la sauteuse, couvrez et laissez cuire 2 minutes à l'étouffée. Sortez la sauteuse du feu et laissez reposer 2 minutes à couvert afin que le riz absorbe le reste du liquide. Hachez, puis incorporez l'aneth juste avant de servir.

Curry de légumes thaï

178 calories par portion

Pour 4 personnes
Préparation et cuisson : 35 min

1 courge
1 oignon
1 cuill. à soupe d'huile de tournesol
1 cuill. à soupe de pâte de curry rouge thaï
5 cl de crème de coco
250 g de haricots verts surgelés

POUR SERVIR
naan (pains indiens)

1 Pelez et coupez la courge en tranches épaisses. Émincez l'oignon. Faites chauffer l'huile dans une sauteuse et faites revenir la courge et l'oignon à feu doux pendant 5 minutes. Incorporez la pâte de curry et prolongez la cuisson de 1 minute. Diluez la crème de coco dans 30 cl d'eau bouillante, puis versez le tout sur les légumes. Portez à ébullition et laissez frémir pendant 10 minutes.

2 Ajoutez les haricots verts et prolongez la cuisson de 3 à 5 minutes, jusqu'à ce que tous les légumes soient tendres mais ne s'écrasent pas. Servez éventuellement avec des naan chauds.

Ratatouille

241 calories par portion

Pour 4 personnes
Préparation et cuisson : 45 min

2 poivrons rouges ou jaunes
4 grosses tomates bien mûres
2 grosses aubergines
4 petites courgettes
1 oignon
3 gousses d'ail
5 cuill. à soupe d'huile d'olive
1 cuill. à soupe de vinaigre
1 cuill. à café de sucre en poudre
1 petit bouquet de basilic
sel et poivre du moulin

1 Pelez les poivrons avec un économe, puis épépinez-les et coupez-les en gros morceaux. Incisez la base des tomates en croix, puis couvrez-les d'eau bouillante. Attendez 20 secondes, puis plongez-les dans un saladier d'eau froide. Pelez-les, épépinez-les et hachez grossièrement la chair. Coupez les aubergines en gros morceaux et les courgettes en rondelles. Émincez l'oignon et pressez l'ail.

2 Faites chauffer 2 cuillerées à soupe d'huile dans une poêle, puis faites revenir les aubergines pendant 5 minutes. Réservez, puis faites sauter les courgettes pendant 5 minutes dans 1 cuillerée à soupe d'huile supplémentaire, jusqu'à ce qu'elles soient dorées. Réservez. Faites revenir les poivrons et l'oignon avec le reste d'huile, puis ajoutez l'ail et prolongez la cuisson de 1 minute.

3 Incorporez le vinaigre et le sucre, puis les tomates et la moitié du basilic haché. Ajoutez les aubergines et les courgettes. Salez, poivrez et laissez mijoter le tout pendant 5 minutes. Servez parsemé du reste de basilic.

Tomates farcies à la semoule

285 calories par portion

Pour 4 personnes
Préparation et cuisson : 40 min

150 g de semoule moyenne
1 gousse d'ail
4 grosses tomates
1 cuill. à café de paprika
4 oignons nouveaux
1 bouquet de coriandre
1 bouquet de menthe
50 g de pignons de pin
le jus de 1 citron
50 g de raisins secs
2 cuill. à soupe d'huile d'olive
sel et poivre du moulin

1 Préchauffez le four à 200 °C (therm. 6-7). Mettez la semoule dans un grand saladier, versez 17,5 cl d'eau bouillante, couvrez et laissez gonfler la semoule 5 minutes. Égrainez-la à la fourchette. Pelez et écrasez l'ail. Coupez un chapeau dans les tomates, creusez-les et hachez grossièrement la chair. Mélangez-la, toujours à la fourchette, avec la semoule, le paprika et l'ail.

2 Émincez les oignons, ciselez la coriandre et la menthe. Dans une poêle, grillez légèrement les pignons à sec. Dans un récipient, mélangez les oignons, la coriandre, la menthe, les pignons, le jus de citron, les raisins secs, 1 cuillerée à soupe d'huile d'olive, du sel et du poivre. Ajoutez l'ensemble à la semoule et remuez bien.

3 Remplissez généreusement les tomates de la préparation à base de semoule, remettez les chapeaux aux tomates, puis posez-les côte à côte dans un plat à gratin et arrosez-les du reste d'huile. Enfournez et laissez cuire 20 minutes, jusqu'à ce que les tomates soient tendres.

Courge gratinée au parmesan

271 calories par portion

Pour 2 personnes
Préparation et cuisson : 1 h 10

1 courge butternut
1/2 cuill. à café de paprika
3 cuill. à soupe de ciboulette ciselée
3 cuill. à soupe de crème fraîche allégée
1 noix de beurre
1 tranche de pain de mie épaisse
25 g de parmesan râpé
sel et poivre du moulin

1 Préchauffez le four à 200 °C (therm. 6-7). Coupez la courge en deux dans le sens de la longueur, puis épépinez-la à l'aide d'une cuillère. Assaisonnez chaque demi-courge, puis placez-les dans un plat creux allant au four rempli de 2 à 3 cm d'eau. Couvrez d'une feuille d'aluminium et enfournez pour 40 minutes.

2 Jetez l'eau du plat. Posez les morceaux de courge sur une planche à découper, puis laissez-les refroidir. Retirez la chair de la courge à l'aide d'une cuillère à soupe en allant presque jusqu'à la peau. Mettez-la dans un saladier avec le paprika, la ciboulette et la crème fraîche. Assaisonnez, mélangez, puis garnissez les demi-courges évidées de cette préparation.

3 Faites fondre le beurre dans une casserole à feu doux. Ôtez la croûte du pain, puis émiettez-le. Ajoutez le pain et le parmesan dans la casserole, remuez, puis ôtez du feu. Répartissez cette préparation sur les demi-courges. Enfournez pour 15 minutes et servez.

Purée d'artichauts aux pignons de pin

138 calories par portion

Pour 4 personnes
Préparation et cuisson : 10 min

280 g de fonds d'artichauts en bocal
50 g de pignons de pin
quelques feuilles de persil plat
1 gousse d'ail
le zeste et le jus de 1 citron
3 cuill. à soupe de parmesan râpé
3 cuill. à soupe d'huile d'olive vierge extra
sel et poivre du moulin

POUR SERVIR
naan (pains indiens)

1 Égouttez les fonds d'artichauts. Faites griller les pignons à sec dans une poêle antiadhésive. Réservez 1 cuillerée à soupe de pignons et quelques feuilles de persil. Réunissez tous les autres ingrédients dans le bol d'un robot, assaisonnez, puis mixez grossièrement.

2 Parsemez des pignons de pin et du persil restant. Transvasez la purée obtenue dans un saladier de service et servez avec des naan ou en accompagnement d'un poisson.

PURÉE DE HARICOTS BLANCS AU PERSIL

189 calories par portion

POUR 4 PERSONNES
Préparation et cuisson : 15 min

2 échalotes
2 gousses d'ail
2 cuill. à soupe d'huile d'olive
800 g de haricots blancs en conserve
1 poignée de persil plat
3 cuill. à soupe de bouillon de légumes
sel et poivre du moulin

1 Hachez finement les échalotes et l'ail. Mettez l'huile à chauffer dans une casserole à feu doux. Faites revenir les échalotes pendant 5 minutes, puis ajoutez l'ail et prolongez la cuisson de 2 minutes.

2 Égouttez les haricots, rincez-les, ajoutez-les dans la casserole et réchauffez-les quelques minutes. Écrasez grossièrement cette préparation à l'aide d'un presse-purée. Effeuillez le persil et ciselez grossièrement ses feuilles. Incorporez le bouillon à la purée de haricots, réchauffez le tout, ajoutez le persil haché et assaisonnez, puis servez.

BROCOLIS ET CHAPELURE PIMENTÉE

142 calories par portion

POUR 4 PERSONNES
Préparation et cuisson : 20 min

500 g de brocolis
1 petit piment rouge
2 petites gousses d'ail
2 cuill. à soupe d'huile d'olive
1 noix de beurre
50 g de chapelure
sel et poivre du moulin

1 Faites cuire les brocolis à la vapeur pendant 5 minutes, jusqu'à ce qu'ils soient tendres.

2 Pendant ce temps, épépinez le piment, puis émincez-le ainsi que l'ail. Faites chauffer l'huile et le beurre dans une poêle, puis faites-y revenir l'ail et le piment pendant 1 minute. Ajoutez la chapelure et laissez cuire 5 minutes, jusqu'à ce qu'elle soit croustillante.

3 Salez et poivrez les brocolis, transférez-les dans un plat, parsemez de chapelure épicée et servez sans attendre.

DESSERTS & GOÛTERS

Œufs au lait

181 calories par portion

Pour 4 personnes
Préparation et cuisson : 40 min

50 cl de lait
85 g de sucre en poudre
1 cuill. à café d'extrait de vanille
ou 1 sachet de sucre vanillé
2 œufs

1 Beurrez quatre ramequins de 15 cl et déposez-les dans un plat à rôtir. Préchauffez le four à 140 °C (therm. 4-5), puis mettez de l'eau à chauffer dans une bouilloire.

2 Dans une casserole, mélangez le lait avec le sucre et l'extrait de vanille. Faites chauffer à feu doux, puis portez à ébullition en remuant jusqu'à ce que le sucre soit dissous. Arrêtez le feu et laissez refroidir le mélange quelques minutes.

3 Dans un grand saladier, battez les oeufs jusqu'à ce qu'ils soient mousseux. Incorporez lentement le lait sucré aux oeufs, à l'aide d'un fouet, et répartissez la préparation dans les ramequins. Versez de l'eau chaude dans le plat jusqu'à mi-hauteur des ramequins, puis enfournez pour 20 minutes. Laissez refroidir, puis réservez les oeufs au lait au réfrigérateur jusqu'au moment de servir.

Muffins au chocolat

215 calories par portion

Pour 6 personnes
Préparation et cuisson : 25 min

2 cuill. à soupe d'huile de tournesol
1 cuill. à soupe de cacao en poudre
100 g de farine
1/2 cuill. à café de bicarbonate de soude
50 g de sucre blond en poudre
1 œuf
10 cl de lait écrémé

POUR LA SAUCE AU CHOCOLAT
30 cl de crème anglaise allégée toute prête
25 g de chocolat noir

1 Préchauffez le four à 170 °C (therm. 5-6). Badigeonnez d'un peu d'huile les six alvéoles d'un moule à muffins. Tamisez le cacao dans un saladier, puis ajoutez les autres ingrédients secs. Mélangez bien et creusez un puits au centre.

2 Battez l'œuf avec le lait et le reste de l'huile, versez le tout au centre du saladier, puis mélangez rapidement pour obtenir une pâte homogène. Répartissez la pâte dans les alvéoles du moule et enfournez pour 15 minutes, jusqu'à ce que les muffins soient bien gonflés et fermes au toucher.

3 Préparez la sauce au chocolat. Faites chauffer la crème anglaise, incorporez le chocolat finement haché hors du feu et remuez bien jusqu'à ce qu'il ait fondu. Démoulez les muffins et nappez-les de sauce au chocolat.

Douceur au chocolat et aux poires

334 calories par portion

Pour 8 personnes
Préparation et cuisson : 1 h

85 g de chocolat noir
85 g de beurre
1 cuill. à soupe de cognac
3 œufs
85 g de cassonade
85 g de noisettes
4 poires bien mûres
1 cuill. à soupe de sucre glace

POUR SERVIR
crème anglaise (facultatif)

1 Graissez un moule de 25 cm de diamètre et tapissez-le de papier sulfurisé. Beurrez le papier sulfurisé et saupoudrez-le de cassonade.

2 Préchauffez le four à 180 °C (therm. 6). Faites fondre le chocolat avec le beurre dans une casserole placée au bain-marie. Retirez du feu pour ajouter le cognac, puis laissez refroidir. Séparez les jaunes des blancs d'œufs. Fouettez les jaunes avec la cassonade dans un grand saladier jusqu'à l'obtention d'un mélange clair et mousseux.

3 Faites griller les noisettes dans une poêle à sec et réduisez-les en poudre dans un robot. Battez les blancs d'œufs en neige ferme. Incorporez-en 1 cuillerée à soupe dans le mélange au chocolat, puis le reste en deux fois. Ajoutez les noisettes en poudre, puis mélangez l'ensemble. Versez la préparation dans le moule, lissez la surface, puis ajoutez les poires pelées, épépinées et coupées en deux. Enfournez pour 40 minutes. Laissez tiédir, démoulez, puis laissez refroidir. Saupoudrez de sucre glace et, si vous le souhaitez, servez avec de la crème anglaise.

Gâteau roulé à la mangue et aux fruits de la Passion

153 calories par portion

Pour 10 personnes
Préparation et cuisson : 40 min

3 œufs
85 g de cassonade
85 g de farine
1 cuill. à café de levure chimique
1 cuill. à café d'extrait de vanille
1 cuill. à soupe de cassonade
2 mangues
2 fruits de la Passion bien mûrs
250 g de framboises
200 g de yaourt à la grecque à 0 % de M. G.

1 Préchauffez le four à 200 °C (therm. 6-7). Graissez une plaque de cuisson de 30 x 24 cm et recouvrez-la de papier sulfurisé. Dans un grand saladier, fouettez les œufs avec la cassonade pendant 5 minutes à l'aide d'un batteur électrique, jusqu'à l'obtention d'un mélange mousseux. Incorporez la farine et la levure chimique tamisées, puis l'extrait de vanille. Versez cette préparation sur la plaque en la secouant pour régulariser la surface. Enfournez et laissez cuire de 12 à 15 minutes, jusqu'à ce que la surface blondisse. Retournez le biscuit sur une autre feuille de papier sulfurisé saupoudrée de cassonade. Roulez le biscuit à l'aide du papier, puis laissez refroidir.

2 Détaillez la chair des mangues en dés. Mélangez le reste de la cassonade, la chair des fruits de la Passion et un tiers des mangues et des framboises avec le yaourt. Déroulez le biscuit pour étaler cette préparation à l'intérieur. Roulez-le délicatement et servez en présentant le reste de fruits séparément. Le biscuit peut être garni et roulé 2 heures avant de servir, puis gardé au réfrigérateur.

Pain perdu aux fruits rouges

212 calories par portion

Pour 4 personnes
Préparation et cuisson : 35 min
Réfrigération : 4 h

250 g de fraises
125 g de myrtilles
125 g de mûres
85 g de sucre blond en poudre
6 tranches de pain

1 Lavez les fruits. Équeutez les fraises, coupez-les en deux, puis mettez-les dans une casserole avec les myrtilles, les mûres, le sucre et 3 cuillerées à soupe d'eau. Faites chauffer 3 minutes à feu doux, puis arrêtez le feu.

2 Découpez quatre disques dans la mie de pain à l'aide d'un emporte-pièce de 5,5 cm de diamètre. Répétez l'opération avec un emporte-pièce de 7 cm de diamètre. Disposez les petits cercles dans quatre ramequins de 17,5 cl, ajoutez les fruits, puis couvrez avec les grands cercles de pain. Tassez délicatement le tout et arrosez d'un peu de jus de cuisson des fruits pour colorer le pain. Réservez le reste du jus. Couvrez de film alimentaire, posez un poids sur chaque ramequin, puis réservez au frais pendant 4 heures.

3 Au moment de servir, ôtez les poids et le film alimentaire, puis glissez la lame d'un couteau le long des bords des ramequins. Posez une assiette sur chaque ramequin et retournez-les pour les démouler. Arrosez du reste de jus de fruit, puis servez.

Cheesecakes aux fraises

263 calories par portion

Pour 4 personnes
Préparation : 10 min

100 g de fraises
85 g de biscuits allégés en M. G.
200 g de fromage frais allégé
200 g de yaourt à la grecque à 0 % de M. G.
4 cuill. à soupe de sucre en poudre
quelques gouttes d'extrait de vanille
2 cuill. à soupe de confiture de fraise

1 Équeutez les fraises, puis coupez-les en deux. Enfermez les biscuits dans un sachet en plastique, puis écrasez-les grossièrement à l'aide d'un rouleau à pâtisserie. Répartissez les miettes de biscuits dans quatre verrines.

2 Dans un saladier, battez ensemble le fromage frais, le yaourt, le sucre et l'extrait de vanille jusqu'à l'obtention d'un mélange lisse. Nappez-en les biscuits émiettés, puis réservez au réfrigérateur jusqu'au moment de servir.

3 Fouettez la confiture dans un bol jusqu'à ce qu'elle soit lisse, puis incorporez délicatement les fraises. Répartissez la préparation dans les verrines et servez.

CRANACHAN À L'ORANGE

318 calories par portion

POUR 4 PERSONNES
Préparation et cuisson : 20 min

4 oranges
50 g de farine ou de flocons d'avoine
15 cl de crème fraîche épaisse
2 cuill. à soupe de whisky
150 g de yaourt à la grecque à 0 % de M. G.
2 cuill. à soupe de miel liquide

POUR SERVIR
miel liquide

1 Pelez les oranges à vif et supprimez les membranes blanches. Coupez-les en morceaux et réservez.

2 Mettez une poêle antiadhésive à chauffer, puis faites dorer à sec la farine d'avoine de 3 à 5 minutes, en secouant régulièrement la poêle pour que la farine ne brûle pas. Déposez-la sur une assiette et laissez-la refroidir.

3 Pendant ce temps, réunissez dans un saladier la crème fraîche et le whisky, puis fouettez le tout avec un batteur électrique jusqu'à ce que des pics se forment. Incorporez délicatement le yaourt, la farine d'avoine et le miel sans trop mélanger. Répartissez la moitié de la préparation dans quatre verrines et garnissez de la moitié des oranges. Ajoutez le reste de crème, puis le reste d'oranges. Nappez d'un peu de miel liquide et servez.

Ananas épicé et fromage blanc à la cannelle

159 calories par portion

Pour 4 personnes
Préparation et cuisson : 20 min

1 ananas
le zeste et le jus de 1 citron vert
2 cuill. à soupe de miel liquide
2 pincées de cannelle en poudre
1 pincée de noix de muscade
2 cuill. à café de sucre glace
200 g de fromage blanc allégé
2 cuill. à café de beurre

1 Coupez l'ananas en 8 quartiers, enlevez le cœur et retirez la peau. Dans un bol, mélangez le jus de citron vert, la moitié du zeste et du miel, 1 pincée de cannelle et la noix de muscade. Réservez.

2 Tamisez le sucre glace au-dessus du fromage blanc, ajoutez 1 pincée de cannelle, puis brassez bien l'ensemble.

3 Mettez une poêle antiadhésive à chauffer et faites fondre le beurre avec le reste de miel. Ajoutez l'ananas, puis laissez-le revenir à feu vif en le retournant régulièrement, jusqu'à ce qu'il soit caramélisé. Mouillez avec le jus de citron vert épicé et laissez frémir quelques secondes, en retournant l'ananas pour le glacer dans la sauce. Saupoudrez du reste de zeste de citron, puis servez aussitôt, accompagné de 1 cuillerée à soupe de fromage blanc à la cannelle.

Poires rôties aux macarons

198 calories par portion

Pour 4 personnes
Préparation et cuisson : 25 min

4 poires bien mûres
100 g de ricotta
1/2 cuill. à café de cannelle en poudre
4 cuill. à soupe de miel liquide
8 macarons secs

POUR SERVIR
miel liquide

1 Préchauffez le four à 190 °C (therm. 6-7). Coupez les poires en deux, retirez-en le cœur avec une cuillère à café en agrandissant un peu la cavité, puis disposez-les, face tranchée vers le haut, sur une plaque de cuisson. Déposez-y 1 cuillerée à soupe de ricotta, puis saupoudrez de cannelle et arrosez d'un filet de miel.

2 Faites rôtir les poires pendant 10 minutes. Pendant ce temps, mettez les macarons dans un sachet en plastique et écrasez-les légèrement avec un rouleau à pâtisserie. Sortez les poires du four, puis parsemez-les de macarons émiettés et remettez le plat au four pour 10 minutes, jusqu'à ce que les poires soient tendres et les miettes de macaron dorées. Servez arrosé d'un filet de miel.

POMMES AU FOUR

127 calories

POUR 6 PERSONNES
Préparation et cuisson : 40 min

6 pommes golden ou reinettes
1 poignée de raisins secs
2 cuill. à soupe de sucre roux
1 cuill. à café de cannelle en poudre
10 g de beurre
2 cuill. à café de cassonade

POUR SERVIR
yaourt ou crème fraîche liquide allégée

1 Préchauffez le four à 200 °C (therm. 6-7). Évidez les pommes à l'aide d'un vide-pomme, puis incisez-les sur toute la circonférence avec un couteau tranchant. Disposez les pommes côte à côte dans un plat allant au four.

2 Dans un bol, mélangez les raisins secs, le sucre et la cannelle. Répartissez la préparation à l'intérieur des fruits, puis posez un petit morceau de beurre sur chaque pomme. Saupoudrez de cassonade et enfournez pour 20 minutes. Servez accompagné de yaourt ou de crème fraîche.

Prunes cristallisées

207 calories par portion

Pour 4 personnes
Préparation et cuisson : 25 min

140 g de sucre en poudre
1/4 de cuill. à café de cannelle en poudre
1 blanc d'œuf
12 prunes rouges

1 Préchauffez le four à 180 °C (therm. 6) et beurrez un plat allant au four. Dans un petit saladier, mélangez le sucre avec la cannelle. Battez le blanc d'œuf dans un bol. Plongez les prunes dans le blanc d'œuf, roulez-les dans le sucre à la cannelle, puis disposez-les dans le plat.

2 Enfournez pour 15 minutes, jusqu'à ce que le sucre cristallise et que les prunes rendent du jus.

Salade de fruits frais

108 calories par portion

Pour 4 personnes
Préparation et marinade : 15 min

½ melon orange
½ melon vert
200 g de pastèque en dés
le zeste et le jus de 1 orange
2 cuill. à soupe de sucre roux
150 g de framboises

POUR SERVIR
crème fraîche allégée

1 Pelez les melons et coupez-les en morceaux. Mettez tous les fruits dans un saladier, arrosez de jus d'orange, incorporez le zeste et le sucre, mélangez bien et laissez mariner pendant 10 minutes, jusqu'à ce que le sucre soit bien dissous.

2 Incorporez délicatement les framboises et servez avec un peu de crème fraîche allégée.

Carpaccio d'ananas et de pamplemousse

240 calories par portion

Pour 4 personnes
Préparation : 10 min

1 ananas
2 pamplemousses rosés
30 g de sucre blond en poudre
1 petit bouquet de menthe

POUR SERVIR
yaourt nature allégé (facultatif)

1 Coupez la base, le sommet et l'écorce de l'ananas avec un couteau bien tranchant. Détaillez-le en tranches très fines. Retirez la peau des pamplemousses ainsi que la partie blanche, puis coupez-les en fines rondelles. Disposez les fruits sur un plat de service en conservant le jus qui s'en écoule, puis réservez.

2 Prélevez les feuilles du bouquet de menthe et pilez-les avec le sucre dans un mortier de façon à bien les mélanger. Saupoudrez les fruits de ce sucre à la menthe. Servez éventuellement avec du yaourt nature.

SABAYONS AU CITRON

328 calories par portion

POUR 4 PERSONNES
Préparation : 10 min

30 cl de crème fraîche liquide allégée
50 g de sucre en poudre
3 ou 4 cuill. à soupe de vin blanc
le zeste et le jus de 1/2 citron

POUR SERVIR
biscuits aux amandes
ou fruits rouges

1 Fouettez la crème fraîche avec le sucre jusqu'à ce qu'elle devienne ferme. Arrosez de vin blanc, puis ajoutez presque tout le zeste de citron et le jus. Versez le sabayon dans quatre verrines.

2 Décorez avec le reste de zeste et servez avec des biscuits aux amandes ou des fruits rouges.

Sorbet aux groseilles

178 calories par portion

Pour 4 personnes (petites portions)
Préparation : 40 min
Congélation : 4 h

450 g de groseilles
2 cuill. à soupe d'eau gazeuse
quelques gouttes de sirop de sureau
140 g de sucre blond en poudre

1 Égrappez les groseilles, rincez-les et mettez-les dans une casserole avec 2 cuillerées à soupe d'eau. Portez à ébullition, puis baissez le feu, couvrez et laissez frémir pendant 5 minutes jusqu'à ce qu'elles ramollissent. Passez-les ensuite au chinois pour les réduire en coulis. Ajoutez l'eau gazeuse et le sirop, et laissez refroidir.

2 Versez le sucre dans une autre casserole avec 30 cl d'eau et faites chauffer à feu doux pendant 5 minutes, jusqu'à ce que le sucre soit dissous. Augmentez ensuite le feu et faites bouillir le sirop pendant 10 minutes.

3 Versez le coulis de groseilles dans le sirop et mélangez. Portez de nouveau à ébullition, puis baissez le feu et laissez frémir pendant 2 minutes. Laissez refroidir, puis versez dans un récipient que vous mettez au congélateur pour 4 heures, jusqu'à ce que le sorbet ait pris. Servez dans de jolies petites verrines et décorez avec quelques groseilles.

Sorbet au vin doux

108 calories par portion

Pour 4 personnes
Préparation : 5 min
Décongélation : 10 min

50 cl de sorbet à la pêche ou à la mangue
8 cuill. à soupe de vin doux

POUR SERVIR
8 biscuits aux amandes

1 Sortez le sorbet du congélateur 10 minutes à l'avance pour le laisser ramollir.

2 Déposez 3 boules de sorbet dans quatre assiettes et arrosez-les de 2 cuillerées à soupe de vin doux. Servez avec des biscuits aux amandes.

Sorbet fizz

136 calories par portion

Pour 2 personnes
Préparation : 5 min

2 fraises
2 boules de sorbet à la framboise
10 cl d'eau gazeuse
1 cuill. à soupe de sirop de sureau

1 Coupez les fraises en morceaux. Disposez-les au fond de verrines, puis ajoutez 1 boule de sorbet à la framboise dans chacune.

2 Versez l'eau gazeuse sur le sirop, puis arrosez les verrines de ce mélange. Servez sans attendre !

Coupes glacées aux fraises et meringues

224 calories par portion

Pour 6 personnes
Préparation : 10 min

600 g de fraises
1 cuill. à soupe de vodka (facultatif)
6 meringues
6 boules de glace à la fraise ou à la framboise

1 Équeutez les fraises, puis coupez-en la moitié en deux et réservez-les. Hachez grossièrement le reste avant de l'écraser à la fourchette. Répartissez les fraises écrasées dans quatre verrines et arrosez-les éventuellement de vodka.

2 Émiettez les meringues sur les fraises écrasées, puis couvrez-les des fraises réservées. Ajoutez les boules de glace et servez sans attendre.

Terrine meringuée aux framboises

284 calories par portion

Pour 8 personnes
Préparation : 25 min
Congélation : 4 h

350 g de framboises
3 œufs
100 g de cassonade
30 cl de crème fraîche épaisse
2 meringues

1 Écrasez 150 g de framboises et passez-les dans un chinois au-dessus d'un saladier. Jetez les graines et réservez la purée. Tapissez un moule à cake de 1 l de film alimentaire. À l'aide d'un batteur électrique, fouettez les œufs avec la cassonade dans un saladier placé au bain-marie, jusqu'à ce que le mélange double de volume. Laissez refroidir hors du bain-marie sans cesser de fouetter (comptez environ 10 minutes).

2 Fouettez légèrement la crème fraîche. Mélangez la préparation aux œufs avec la crème fouettée, puis incorporez les meringues émiettées. Versez la purée de framboises et transvasez le tout dans le moule à cake. Mettez au minimum 4 heures au congélateur. Servez le gâteau découpé en tranches avec le reste de framboises.

Pancakes aux myrtilles et à la ricotta

121 calories par pancake

Pour 14 pancakes
Préparation et cuisson : 30 min

4 œufs
250 g de ricotta
20 cl de lait
1 pincée de sel
100 g de farine
1 cuill. à café de levure chimique
4 cuill. à soupe de cassonade
150 g de myrtilles
1 noix de beurre

POUR SERVIR
sirop d'érable
glace à la vanille

1 Séparez les jaunes des blancs d'œufs. Mélangez la ricotta avec le lait, les jaunes d'œufs et le sel dans un grand saladier. Incorporez la farine et la levure chimique à cette préparation. Ajoutez la cassonade, puis mélangez jusqu'à l'obtention d'une pâte lisse et homogène. Battez les blancs d'œufs en neige ferme dans un autre saladier. Incorporez-les délicatement dans la pâte et ajoutez les myrtilles.

2 Faites chauffer le beurre dans une grande poêle antiadhésive. Versez 4 cuillerées à soupe de pâte et laissez cuire 1 minute de chaque côté. Procédez en plusieurs fois, jusqu'à ce que les pancakes soient dorés. Répartissez les pancakes sur des assiettes de service, arrosez-les de sirop d'érable et servez avec une boule de glace à la vanille.

Pain perdu aux prunes et au citron

331 calories par portion

Pour 4 personnes
Préparation et cuisson : 30 min

2 œufs
10 cl de lait
le zeste de 1 citron
4 cuill. à soupe de sucre en poudre
4 tranches de pain de mie ou de brioche
50 g de beurre
450 g de prunes
1 cuill. à soupe de jus de citron

1 Mélangez les œufs battus avec le lait, le zeste de citron et 1 cuillerée à soupe de sucre dans un saladier. Ajoutez les tranches de pain coupées en deux dans le sens de la diagonale et retournez-les pour bien les imprégner de ce mélange.

2 Faites fondre 2 cuillerées à soupe de sucre avec la moitié du beurre dans une poêle à feu doux. Faites revenir les prunes coupées en deux et dénoyautées pendant 5 minutes dans le mélange. Arrosez de jus de citron et laissez chauffer à feu doux jusqu'à l'obtention d'un sirop léger.

3 Faites chauffer le reste de beurre dans une grande poêle antiadhésive, puis mettez-y à dorer de chaque côté les tranches de pain. Dressez deux tranches sur chaque assiette, parsemez du reste de sucre, puis ajoutez les prunes avec le sirop.

Pudding aux fruits rouges

262 calories par portion

Pour 4 personnes
Préparation et cuisson : 20 min

500 g de fruits rouges
4 cuill. à soupe de cassonade
25 g de beurre mou
7 tranches de pain de mie
à la cannelle et aux raisins secs

POUR SERVIR
crème fraîche ou fromage blanc allégé

1 Préchauffez le four à 220 °C (therm. 7-8). Répartissez les trois quarts des fruits rouges dans un plat à gratin. Dans le bol d'un robot, réduisez le reste des fruits en purée, puis versez-la dans le plat. Ajoutez 2 cuillerées à soupe de cassonade et mélangez le tout.

2 Beurrez les tranches de pain, puis coupez-les en triangles. Disposez-les sur les fruits et saupoudrez du reste de cassonade. Recouvrez d'une feuille d'aluminium, puis enfournez pour 10 minutes. Découvrez et prolongez la cuisson de 5 minutes. Si vous le souhaitez, servez accompagné de crème fraîche ou de fromage blanc.

INDEX DES RECETTES PAR ORDRE ALPHABÉTIQUE

TABLE DES ÉQUIVALENCES FRANCE-CANADA

Poids	55 g	100 g	150 g	200 g	250 g	300 g	500 g	750 g	1 kg
	2 onces	3,5 onces	5 onces	7 onces	9 onces	11 onces	18 onces	27 onces	36 onces

Ces équivalences permettent de calculer le poids à quelques grammes près (en réalité, 1 once = 28 g).

Capacités	5 cl	10 cl	15 cl	20 cl	25 cl	50 cl	75 cl
	2 onces	3,5 onces	5 onces	7 onces	9 onces	17 onces	26 onces

Pour faciliter la mesure des capacités, une tasse équivaut ici à 25 cl (en réalité, 1 tasse = 8 onces = 23 cl).

Crédits photographiques
Chris Alack : p. 135 ; Carolyn Barber : p. 13 ; Peter Cassidy : p. 37, 193, 205 ; Jean Cazals : p. 17, 155, 199, 207 ; D.R. : p. 117, 119 ; Ken Field : p. 113 ; Will Heap : p. 21, 59, 93 ; William Lingwood : p. 53 ; Gareth Morgans : p. 11, 61, 63, 75, 79, 81, 91, 95, 101, 121, 139, 173, 183, 195, 197, 203 ; David Munns : p. 7, 23, 33, 45, 77, 99, 103, 111, 125, 133, 153, 157, 159, 167, 171, 181, 189 ; Myles New : p. 27, 39, 41, 51, 55, 57, 65, 83, 85, 87, 105, 109, 123, 151, 185, 213 ; Lis Parsons : p. 25, 47, 49, 69, 89, 115, 131, 137, 163, 177, 201 ; Michael Paul : p. 147 ; Craig Robertson : p. 107, 141 ; Howard Shooter : p. 15 ; Brett Stevens : p. 187 ; Roger Stowell : p. 97, 143, 179, 211 ; Yuki Sugiura : p. 9 ; Dawie Verwey : p. 29, 43 ; Simon Walton : p. 145 ; Philip Webb : p. 19, 67, 71, 149, 161, 165, 175, 191, 209 ; Simon Wheeler : p. 31, 127.

Direction de la publication : Isabelle Jeuge-Maynart et Ghislaine Stora
Direction éditoriale : Emilie Franc
Coordination éditoriale : Alice Delbarre
Suivi éditorial : Laurence Alvado
Mise en page : Les PAOistes
Informatique éditorial : Philippe Cazabet
Couverture : Véronique Laporte-Bouchereau

© Larousse 2018
ISBN : 978-2-03-595494-7
Tous droits réservés. Aucune partie de cet ouvrage ne peut être reproduite, sous quelque forme ou par quelque moyen électronique que ce soit, y compris des systèmes de stockage d'information ou de recherche documentaire, sans la permission écrite de l'éditeur.
Imprimé en Espagne par Unigraf S. L.
Dépôt légal : avril 2018
321178/01 – 11037638 (janvier 2018)

PAPIER À BASE DE FIBRES CERTIFIÉES

LAROUSSE s'engage pour l'environnement en réduisant l'empreinte carbone de ses livres. Celle de cet exemplaire est de :
900 g éq. CO_2
Rendez-vous sur www.larousse-durable.fr